甲骨文的数字化处理及应用研究

顾绍通　范雪雪
黄文帆　酆格斐◎著

中国社会科学出版社

图书在版编目(CIP)数据

甲骨文的数字化处理及应用研究/顾绍通等著. —北京：中国社会科学出版社，2023.8

ISBN 978-7-5227-2020-3

Ⅰ.①甲… Ⅱ.①顾… Ⅲ.①数字技术—应用—甲骨文—研究 Ⅳ.①K877.14-39

中国国家版本馆CIP数据核字(2023)第106591号

出 版 人　赵剑英
责任编辑　郭晓鸿
特约编辑　杜若佳
责任校对　师敏革
责任印制　戴　宽

出　　版　中国社会科学出版社
社　　址　北京鼓楼西大街甲158号
邮　　编　100720
网　　址　http://www.csspw.cn
发 行 部　010-84083685
门 市 部　010-84029450
经　　销　新华书店及其他书店

印　　刷　北京明恒达印务有限公司
装　　订　廊坊市广阳区广增装订厂
版　　次　2023年8月第1版
印　　次　2023年8月第1次印刷

开　　本　710×1000　1/16
印　　张　12.5
插　　页　2
字　　数　155千字
定　　价　69.00元

凡购买中国社会科学出版社图书，如有质量问题请与本社营销中心联系调换
电话：010-84083683

目　录

绪　论

自 1899 年王懿荣发现甲骨文以来，对甲骨文的研究已有一百多年历史，由于甲骨文自身的学术价值和所具有的特殊规律，现已发展成为一门与历史学、考古学、文字学、文献学等学科有密切关系的学科——甲骨学。对甲骨文的研究可以使人们更好地了解殷商时期、周初期的政治、经济、文化、风俗等社会风貌；在文字研究方面可以更好地探讨汉字发展的源头和汉字的形成规律，这样就能更清楚地明了汉字发展的方向。

甲骨文是殷商时期和周初期刻在龟甲、兽骨上的文字，是迄今为止在中国发现的具有完整体系结构的最早文字。或许有比甲骨文更早的文字，如刻在陶器上的图形文字，但具有完整体系结构并有据可考的最早汉字现在认为是甲骨文。世界上其他一些古老民族在四五千年前也使用过文字，然而这些文字现在都已不再使用，与现在通行的文字没有任何关系，成为死文字。我国的甲骨文是一种成熟的文字，与周代青铜器铭文、战国时期及秦汉的帛书、简牍文字、魏晋的石刻文的发展一脉相承，最后发展成为现在通行的楷书。

目前已出土的甲骨原片数量众多，据不完全统计有十五万片以上，而且还有一些新的甲骨原片相继被发现。已出土的甲骨原片散失在世界各地，数量众多，由于容易损坏、极其宝贵等原因，人们一般不容易接触到。

随着甲骨文大量被搜集，为了便于研究，一些甲骨文著录书籍也相继被刊行。第一部甲骨文著录书是《铁云藏龟》，刘鹗辑，1903 年由抱残守缺斋石印出版，全书共六册，收录甲骨 1058 片。此后，又有罗振玉、王襄、叶玉森等人编纂的一批甲骨著录出版。它们的出版，使骨质轻脆而易折的甲骨原片离开了收藏者的书斋，与更多的世人见面。这不仅扩大了甲骨文传播范围，而且有利于对甲骨文的深入研究。随着出土的甲骨原片越来越多，截止到 20 世纪 80 年代末，国内外已出版的各种甲骨文著录书籍已达 80 余种。这些著录书籍对于甲骨文的研究、传播起到了很大作用，但也存在很多不足：首先，由于甲骨原片数量众多，相关著录书籍日益增多，人们查阅这些资料往往需要耗费大量的精力，不利于对其进行深入研究；其次，人们在研究过程中，常常需要引用某片甲骨，现在只能采取扫描甲骨图片的方式，但是如果需要经常使用某片甲骨中的一些字，又需要花费大量的时间处理，而且效果也不是很好；再次，这些著录书籍一般发行量较小，价格昂贵，不是所有读者都有能力购买的，以致很多读者难以接触到这些资料。这些不足制约了甲骨文的广泛传播，不利于对其进行深入研究，人们迫切需要一种新的载体来摆脱这种困境。

近年来，由于信息技术日新月异，特别是计算机的日益普及和网络的快速发展，人们希望借助计算机和网络提高甲骨文的传播速度和利用效率。借助计算机、网络处理甲骨文，就是对甲骨文进行数字化。目前人们对甲骨文数字化的需求主要体现在以下三个方面：一是因为现代出版系统普遍采用电脑排版技术，以前靠图片和手写处理文章中出现的甲骨文的方式远远不能满足出版业的要求，人们迫切需要解决好甲骨文在电脑中排版的问题；二是文化传播与学术交流更多地借助网络传播手段，越来越多的甲骨文资料需要在网上发布，靠扫描整幅甲骨文拓片的方式不利于其在网络上的传播；三是由于人们现在普遍改用电脑写文章，如何在电脑上方便地显示、处理、打印甲骨文已成为人们日益关注的问题。要解决好这些问题，需要做的工作很多，例如要做好甲骨文字形的整理工作、数字化处理、字库建设、输入编码等，其中关键是要解决好每个甲骨文字形的生成和显示问题，即如何把图片形式的甲骨文字形转化为出版系统、网络传播、字符处理软件所需格式的字形。与现代汉字字形相比，甲骨文字形具有笔段繁多、无法区分笔画、构造异常复杂等特点，因此不能使用现代汉字生成技术生成甲骨文字形，必须开发出适合甲骨文字形特点的字形生成技术生成甲骨文字形。

本书分析了甲骨拓片上字形图像和噪声区域的统计特征，通过计算每一个连通区域与拓片上所有连通区域数学期望的差值来识别拓片上的噪声区域。小于数学期望的连通区域被识别为噪声区域并被填充，从而保留了字形笔画区域。通过分析甲骨拓片上字形图像边缘的分形几何特征，计算甲骨拓片字形边缘的分形维数等参数，通过计算拓片字形的轮廓线上当前点与左右相邻点形成的向量夹角的余弦值提取特征尖点，并对甲骨拓片字形边缘进行加权坐标压缩变换，从而使甲骨拓片字形边缘得到平滑。实验结果显示，该方法可以有效地去除甲骨拓片上的噪声区域，保留字形笔画区域，并使甲骨拓片上字形边缘得到平滑。根据甲骨文字形的特点，结合以汉字为主的东方文字字形生成技术以及书法字、其他古老文字字形生成技术的经验，设计出适合甲骨文特点的字形生成系统。该系统能够成功地对扫描进计算机的甲骨文图片进行处理，自动生成高精度曲线轮廓的甲骨文字形。本书还介绍了通用甲骨文字库的设计及甲骨文字形编码。通用甲骨文字库设计就是指选用出现频率高、具有代表性的甲骨文字形构成的字库。通用甲骨文字库建设的目的主要是便于甲骨文知识的传播和满足一般甲骨文学习者的需要。通用甲骨文字库的设计要求选择的字形具有真正的代表性，选择的标准主要有两个：一是字形相对比较规整，二是具有较高的使用频率。笔者按照建设通用甲骨文字库的标准，设计出了通用甲骨文字库。本书综合利用了文字学、汉字部件学、汉字编码等理论，从甲骨文字形自身的特点出发，综合考虑形、音诸因素，设计了一种简便、有效的甲骨文输入编码方案，从形和音两个角度制作了甲骨文输入法的字形码表和拼音码表，开发了甲骨文输入法程序，利用该程序可以通过三种途径来输入甲骨文字形——转换方法、拆分取码方法、拼音方法——从而解决了从通用甲骨文字库中调出所需字形的问题。针对甲骨文字形特殊的几何特征和拓扑结构，提出了一种基于曲线轮廓描述的甲骨文笔段提取和字体变形方法。该方法首先使用二次 Bezier 曲线拟合甲骨文字形轮廓，然后利用拟合曲线提取轮廓特征点，找出甲骨文笔段，并根据笔段轮廓特征将其进行分类，之后再提取各种不同风格书体的笔段轮廓生成模板，最后就可以按照轮廓模板对甲骨文笔段进行变形从而生成新的字形。该方法使用轮廓提取笔段，避免了传统的细化方法容易造成畸变的问题。同时，该方法将甲骨文笔画拆解为笔段，而这些最基本的笔段在现代汉字中同样存在。因为甲骨文的笔画没有改变，只是笔锋有了变化，这样就既保持了甲骨文的基本字形，又能融入新的书法特征，解决了甲骨文和现代汉字结构差异大而无法合成的问题。实验表明，该方法能够有效地提取出甲骨文笔段并且变形甲骨文字体，生成保持甲骨文字形结构的带有其他书法风格的新字体。

第一章　甲骨拓片字形的计算机辅助复原

图像复原是计算机图形学和计算机视觉的一个研究热点，在文物保护、视频特技、虚拟现实以及消除多余物体等方面扮演着重要角色。20 世纪以来，随着考古工作的深入开展，陆续出土了大量的古代珍贵文献。这些出土文献中有相当一部分是刻在龟甲和兽骨上面的，人们称之为甲骨文，是我国迄今发现的最早的一种成熟文字系统，具有极其重要的学术价值和文化遗产保护价值。甲骨文是契刻在龟甲和兽骨上的文字，由于龟甲和兽骨质地本身并不平滑，又深埋地下经历了几千年的沧桑岁月，加上发掘和运输的污损，有些损坏严重，字形的边缘非常模糊，这种受污损的甲骨文字形不利于在数字图书馆和甲骨文字库建设中的使用，必须进行修复处理。目前某些图像处理软件可以近似恢复甲骨字形的原始面貌，但是涉及非常复杂的手工交互，而且需要具有丰富经验的专业人员操作，非常耗时耗力，而且修复效果也不尽如人意。

目前已有多种图像修复算法，如马赛洛等（Marcelo et al.，2000）提出了偏微分方程的图像复原方法，但是这种方法只适用于小尺度数字图像，而且并不稳定。钱和沈杰（Chan and Shen Jie，2000a，2000b）提出了整体变分方法和基于曲率的扩散模型方法，这种方法依赖于边缘和边界曲率的连续性，可以处理较大的区域，但是处理后的边缘变得非常模糊。曼纽尔等（Manuel et al.，2001）提出了基于图像滤波的高斯卷积核的方法，该方法可以快速恢复破损区域，但是，只适用于较小的破损区域。卡尔等（Carr et al.，2001）提出了径向基函数的修复方法，该方法基于非均匀采样点构造连续隐函数，从而重建破损区域。埃塞多格尔和沈杰（Esedoglu and Shen，2002）提出一种基于 Mumford-Shah-Euler 图像模型的修复方法，该方法依赖于图像的先验模型，将图像修复转换为计算一个泛函数的极值，处理过程非常复杂。Criminisi（2003）提出了纹理合成的方法，可以处理大块破损区域，然而效果并不理想。Elad（2005）提出了一种形态组件分析的图像修复方法。Esedoglu 和 Gillette（2007）提出了基于 Cahn-Hilliard 方程的图像修复方法。格雷罗－科隆等（Guerrero-Colón et al.，2008）提出了一种空间变量高斯尺度混合的图像修复方法。盖丝琳和科德（Gosselin and Cord，2008）提出了一种基于统计框架扩展学习的在线图像恢复方法，但是该方法需要手工交互。道布罗丝茨卡娅和安德烈（Dobrosotskaya and Andrea，2008）提出了基于小波变换的拉普拉斯变换的方法。以上均采用图像处理的方法修复破损区域，并没有分析噪声区域的统计特征，而且对于像甲骨拓片这种书写材料比较特殊、污染原因多样以及埋藏时间漫长的字形图像缺乏针对性，修复效果也难如人意。

1.1 基于泊松分布的图像去噪方法

1.1.1 甲骨拓片字形图像分析

甲骨文是契刻在龟甲和兽骨上的文字，因而字形的笔画线条具有以下特点：构成甲骨文字形的线条多为直线，且线条瘦劲挺直，两端尖锐，转折处往往以两条直线相接成曲折状（马小虎等，2004b）。甲骨在地下深埋上千年，由于腐蚀、发掘损坏以及甲骨本身质地等原因，导致甲骨原片有许多噪声点，如图1－1、图 1－2 所示。图 1－3 是甲骨拓片字形图像的轮廓。甲骨拓片字形图像上的噪声点具有如下特点：一是噪声区域的亮度低于甲骨文字形笔画的亮度；二是噪声区域呈离散状态，连通区域面积较小，区域面积服从泊松分布。相比之下，甲骨拓片上字形图像的特征有如下几点：一是分形：甲骨在地下深埋上千年，由于受到腐蚀，甲骨文字形边缘部分与整体具有相似性，具备分形特征，如图 1－3 所示；二是笔画区域连通性：甲骨文字形的笔画一般是单连通区域，个别笔段会出现断裂；三是像素值空间的聚敛性：甲骨文字形笔画的像素亮度较高，而且比较连续，且在某个像素值区域比较集中。

图 1－1　《甲骨文合集》559（正面）

图 1－2　甲骨拓片字形图像

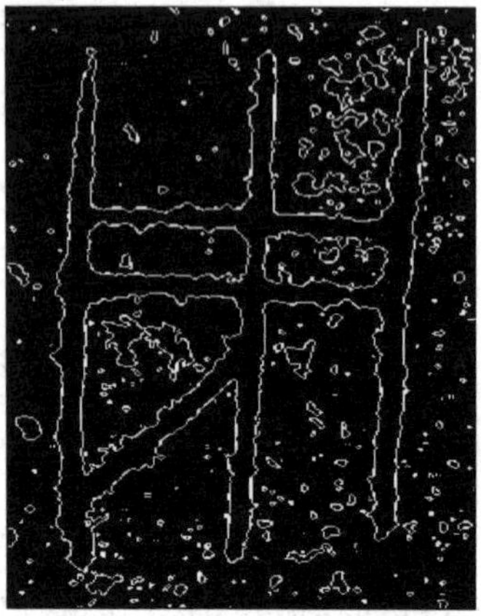

图 1－3　甲骨拓片字形图像轮廓图

设随机变量 X 服从泊松分布，即 $X \sim P(\lambda)$，可以表示如下：

$$P_i = P\{X = i\} = \frac{\lambda^i}{i!}e^{-\lambda} \quad (i = 0, 1, 2, \cdots) \qquad (1-1)$$

其中 $\lambda > 0$，X 表示甲骨拓片上连通区域的面积。则随机变量 X 的数学期望为：

$$E(X) = \sum_{i=0}^{\infty} i\frac{\lambda^i}{i!}e^{-\lambda} = \lambda e^{-\lambda}\sum_{i=1}^{\infty} i\frac{\lambda^{i-1}}{i!} = \lambda e^{-\lambda}\sum_{i=1}^{\infty}\frac{\lambda^{i-1}}{(i-1)!} \qquad (1-2)$$

令 $k = i - 1$，则：

$$\lambda e^{-\lambda}\sum_{i=1}^{\infty}\frac{\lambda^{i-1}}{(i-1)!} = \lambda e^{-\lambda}\sum_{k=0}^{\infty}\frac{\lambda^k}{k!} = \lambda e^{-\lambda}e^{\lambda} = \lambda \qquad (1-3)$$

以 320pixel × 512pixel 的图像为例，根据实验数据，连通区域的面积与连通区域数目的关系如图 1－4 所示。从图 1－4 中可以看出，噪声区域的面积通常在 50 个像素以下，字形笔画区域的面积一般在 100 个像素以上。通过计算得出甲骨拓片字形图像连通区域面积分布的概率密度函数，可以表示如下：

$$P_i = P\{X = i\} = \frac{5^i}{i!}e^{-5} \quad (i = 0, 1, 2, \cdots) \qquad (1-4)$$

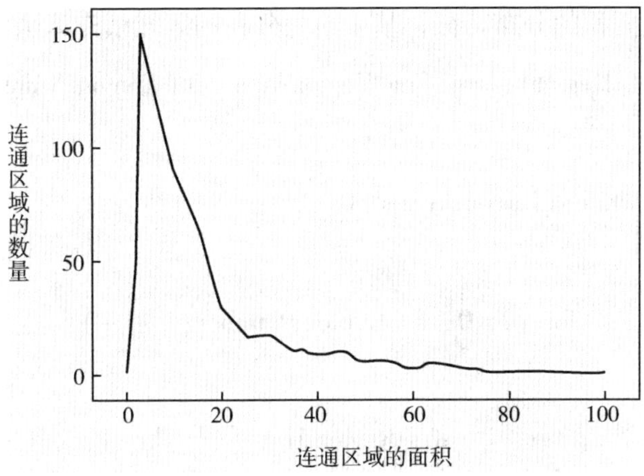

图 1－4　甲骨拓片字形图像连通区域面积分布特征

甲骨拓片字形图像连通区域面积的数学期望为 5.0。图 1－5 是甲骨拓片字形图像连通区域的概率密度。

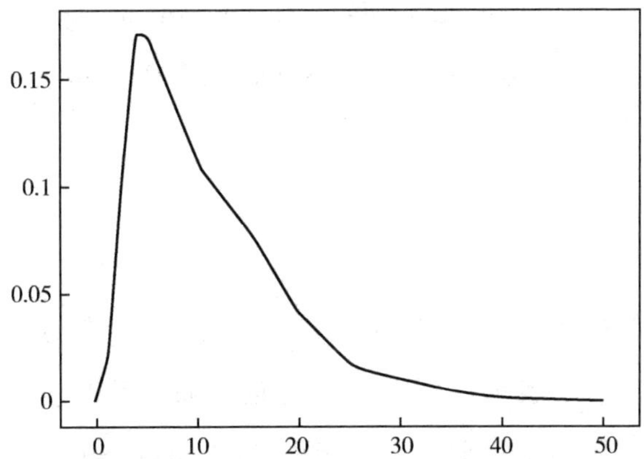

图 1－5　甲骨拓片字形图像连通区域概率密度

1.1.2　泊松分布的噪声区域填充方法

以 320pixel × 512pixel 的图像为例，根据甲骨拓片字形图像上连通区域面积的分布特征，基于泊松分布的区域填充算法如下：

```
BOOL RegionFilling（int RegionArea，int ContourNumber）
{
    while（RegionArea<50）
      {
        for（i=0；i<ContourNumber；i++）
          {
            if（RegionArea［i］-AreaExpect（Contour-
            Number）≤0）
             Fill（Region［i］）；//对序号为 i 的连通
             区域进行填充
          }
          ContourNumber=ContourNumber-i；
          RegionArea=AreaExpect（ContourNumber）+1；
      }
    return TRUE；
}
```

上述算法中，RegionArea［i］表示序号为 i 的连通区域的面积，Region［i］表示序号为 i 的连通区域，Fill（Region［i］）表示对序号为 i 的连通区域进行填充。ContourNumber 表示甲骨拓片字形图像上连通区域的数目，AreaExpect（ContourNumber）表示对 ContourNumber 个连通区域的面积计算数学期望。当甲骨拓片字形图像上连通区域的面积大于 50 时，退出循环，输出图像。

算法步骤如下：

Step1　计算甲骨拓片字形图像上连通区域的面积。

Step2　如果出现面积小于 50 像素的连通区域，则计算连通区域面积的数学期望，否则输出图像并返回。

Step3　如果连通区域的面积小于数学期望，则填充这些区域，并继续执行 Step2。

算法流程见图 1－6。

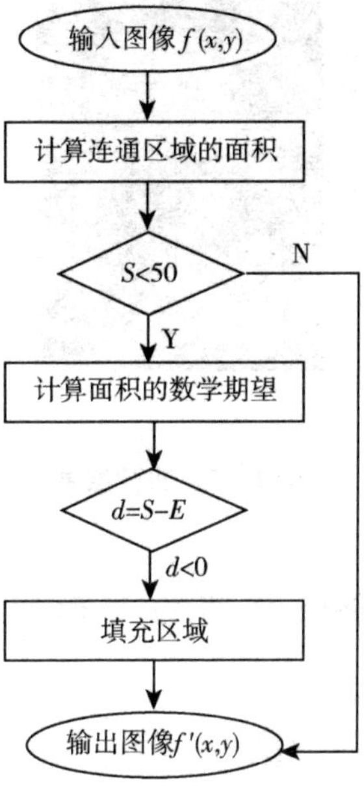

图 1－6　算法流程

1.1.3　实验结果

通过计算连通区域面积 S 与区域面积的数学期望 E 的差值 $d=S-E$，当 $d<0$ 时，将面积为 S 的连通区域识别为噪声区域，并将之填充。余下的连通区域面积同样服从泊松分布，再按照上述步骤进行计算。循环上述步骤，直到各连通区域的面积大于 50 时，循环终止。

笔者在 Apple MacPro 工作站上在 Windows 环境下使用 Visual

C++6.0和 Open CV1.1 实现了上述所有算法。图1-7（a）为经过一次填充操作后的图像，图1-7（b）为经过二次填充操作后的图像，图1-7（c）是经过基于泊松分布识别处理的甲骨拓片字形图像区域填充效果。

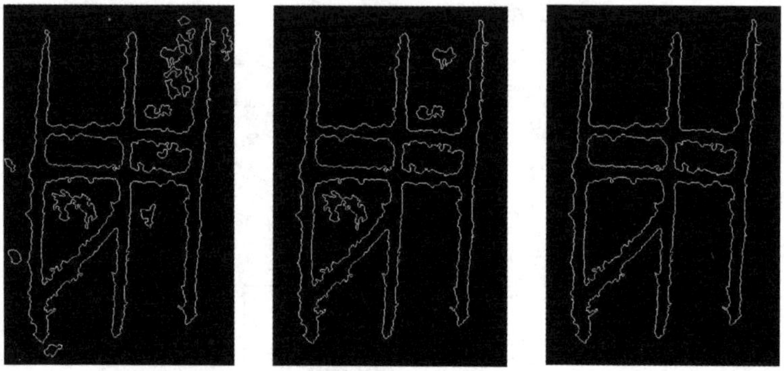

(a)　　(b)　　(c)

图1-7　实验结果

1.2　基于分形几何的字形图像复原方法

1.2.1　分形几何理论

分形是20世纪70年代初曼德尔布罗特（Mandelbrot，1977）引入的关于自相似性的一般概念，是描述具有相似结构的几何形状的工具，后来发展成为对各种复杂系统的自相似性进行研究的工具。具有分形特征的表面具有自相似性，n 维欧氏空间中的有界集合 A，若 A 可以表示为其自身 N_r 个互不覆盖的子集的并集时，则 A 是自相似的。此时，A 的分形相似维数 D 定义为：

$$D=\frac{\lg (N_r)}{\lg (1/r)} \tag{1-5}$$

其中，r 是所有坐标方向上的尺度因子，N_r 是有界集合 A 的互不覆盖的子集个数。对于图像而言，把二维图像视作一个三维空间中的一个表面（x，y，f（x，y）），其中f（x，y）为图像（x，y）位置处的灰度值，于是图像灰度的变化情况将反映在该表面的粗糙程度上，使用不同尺度去度量该表面，得到的维数就是图像的分形维数。目前已有许多估计分形维数的方法，如频域方法（Pentland，1984）、计盒维数法（Chaudhuri，1995）、数学形态学的方法（Elad，2005）、差分盒维数法（Sarkar，1994）等。其中，差分盒维数法由于易于计算、性能较好等优点，在实际中得到了广泛的应用。

差分盒维数法的主要思想是：将 $m \times n$ 大小的图像分割成 $s \times s$ 的子块，s 是介于 1 和 $m/2$ 之间的一个整数。令 $r = s/m$，将图像视为一个三维空间中的一个表面（x，y，f（x，y）），（x，y）表示像素点的平面位置，第三维用来表示像素点的灰度值f（x，y）。平面被分割成许多 $s \times s$ 的网格，在每个网格上，是一列 $s \times s \times s$ 的盒子。假设在图像的第（i，j）个网格内图像灰度的最高值和最低值分别落在第 l 个和第 k 个盒子内，则 N_r 在第（i，j）个网格内的分布 n_r（i，j）为：

$$n_r(i, j) = l - k + 1 \tag{1-6}$$

n_r（i，j）是覆盖第（i，j）个网格中的图像所需的盒子数，则覆盖整个图像所需的盒子数 N_r 为：

$$N_r = \sum_{i,j} n_r(i, j) \tag{1-7}$$

对于不同的 r，可以得到不同的 N_r 值，采用最小二乘法可以拟合出 $\lg N_r \sim \lg(1/r)$ 的斜率，即可得到对应的分形维数值 D。

1.2.2　甲骨拓片字形图像边缘的分形特征

甲骨在地下深埋上千年，由于受到腐蚀，字形边缘呈现出连绵起伏的锯齿形状。甲骨拓片字形图像的锯齿形状边缘部分与整体具有相似性，具备分形特征，如图 1－8 所示。

图 1－8　图 1－3 之局部放大

甲骨文是刻写在坚硬的材料上的，大部分字形笔画具有锋利的端点。这些端点指示了字形笔画的位置，是甲骨文字形的重要信息。这些端点可以通过一条笔画相邻的两条边缘夹角 θ 计算出来。夹角 θ 计算如下：

$$\theta = \arccos\left(\frac{V_1 \cdot V_2}{|V_1||V_2|}\right), \qquad \theta \leqslant \pi \tag{1-8}$$

其中，V_1 和 V_2 分别是两条曲线的公共端点和它们的另一端点所形成的向量 $\overrightarrow{p_i p_{i-1}}$ 和 $\overrightarrow{p_i p_{i+1}}$。设 M 是夹角 θ 的阈值，如果 $\theta \leqslant M$，系统就认为点 P_i 是笔画的端点。采用这种方式可以把所有的端点提取出来，提取端点的这种方法如图 1－9 所示。

构成甲骨文字形的笔画复杂，并且数量巨大，但是组成笔画的笔段却是简单的和有限的。可以通过平滑构成笔画的笔段来实现字形笔画边缘平滑的效果。甲骨文字形的笔画可以归结为 19 种

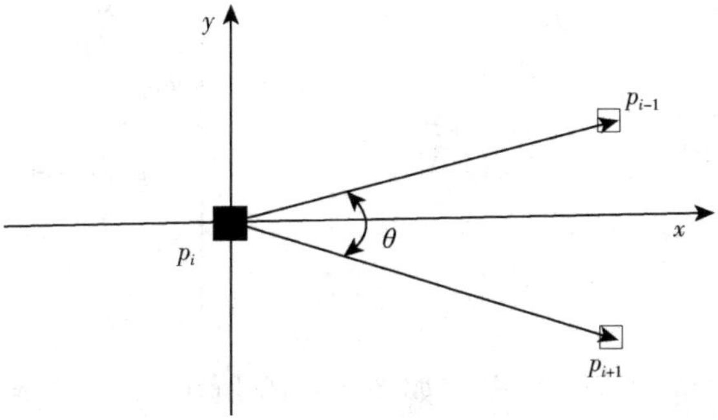

图 1－9　特征点的提取

不同的笔段（Ma Xiaohu et al.，2007）。通过提取特征点，可以得到所有的笔段，并分别对这些笔段进行压缩变换。

在平面欧氏空间中，伸缩变换可以表示为：

$$\begin{pmatrix} x' \\ y' \end{pmatrix} = \begin{pmatrix} r & 0 \\ 0 & r \end{pmatrix} \begin{pmatrix} x \\ y \end{pmatrix} \tag{1-9}$$

式中，r 为伸缩比，r 大于 1 时为伸长变换，r 小于 1 时为压缩变换。

在对字形轮廓上的特征点进行压缩变换操作时，为了既对字形边缘进行平滑，同时又保持甲骨文字形笔画的基本走向和基本形状，对特征点的坐标与其相邻点的坐标进行加权处理，可以用矩阵表示如下：

$$x' = \begin{pmatrix} x_{i+2} & x_{i+1} & x_i & x_{i-1} & x_{i-2} \end{pmatrix} \begin{pmatrix} w_{i+2} \\ w_{i+1} \\ w_i \\ w_{i-1} \\ w_{i-2} \end{pmatrix} \tag{1-10}$$

或者

$$y' = \begin{pmatrix} y_{i+2} & y_{i+1} & y_i & y_{i-1} & y_{i-2} \end{pmatrix} \begin{pmatrix} w_{i+2} \\ w_{i+1} \\ w_i \\ w_{i-1} \\ w_{i-2} \end{pmatrix}, \quad i \geqslant 2 \qquad (1-11)$$

字形轮廓边缘平滑操作如图 1－10 所示。P_{i+2}（x_{i+2}，y_{i+2}）、P_{i+1}（x_{i+1}，y_{i+1}）、P_{i-1}（x_{i-1}，y_{i-1}）、P_{i-2}（x_{i-2}，y_{i-2}）分别是 P_i（x_i，y_i）相邻的四个点，图 1－10 中虚线是经过加权处理压缩变换后的图形，从图 1－10 可以看出，经过加权处理后，字形边缘变得平滑，同时又保持了甲骨文字形笔画的基本走向和基本形状。

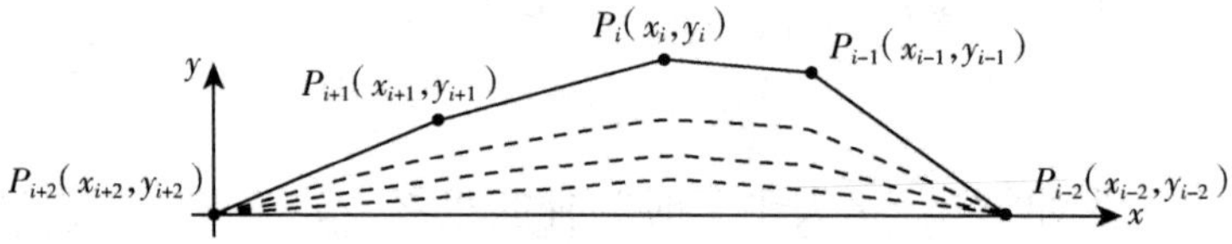

图 1－10　字形边缘平滑示意

经过统计，甲骨拓片字形图像边缘的分形维数在 1.2—1.3 之间，设定分形维数阈值为 T，当压缩变换后的图像分形维数小于 T 时，处理结束。直线的分形维数是 1，通常，甲骨拓片字形图像分形维数阈值设为 1.05 即可。

算法步骤如下：

Step1　使用 *freeman* 链码对输入图像 f（x，y）进行轮廓跟踪。

Step2　在 x 或者 y 方向上对 f（x，y）进行压缩变换，得到图像 f'（x，y）。

Step3　计算图像 f'（x，y）的分形维数 D，如果 $D < T$ 则输

出图像，否则转 *Step*2。

算法流程图如图 1 – 11 所示。

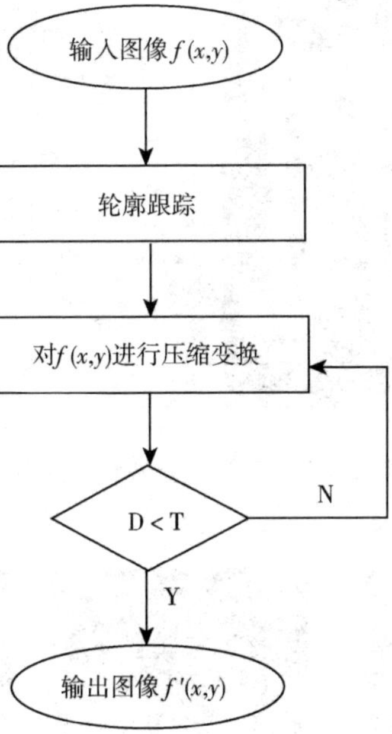

图 1 – 11　算法流程

1.2.3　实验结果

笔者在 Apple Mac Pro 工作站上在 Windows 环境下，用 Visual C++6.0 和 Open CV1.1 实现了上述所有算法。图 1 – 12 是系统界面，图 1 – 13 和图 1 – 14 是分形维数阈值分别为 1.2、1.1、1.05 时经过压缩变换后的输出图像。可见，图像经过压缩变换后，图像边缘由分形产生的锯齿状态得到了平滑。图 1 – 15 是对甲骨拓片字形图像边缘进行数据拟合的结果，字形边缘得到了轻度的平滑，但是仍然非常粗糙，效果不如图 1 – 13 和图 1 – 14。表 1 – 1 给出了压缩变换和数据拟合的时间花费。

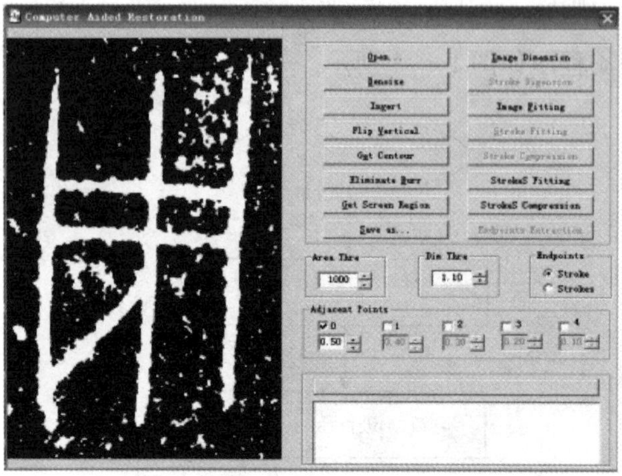

图 1 – 12　甲骨拓片字形图像计算机辅助复原系统的界面

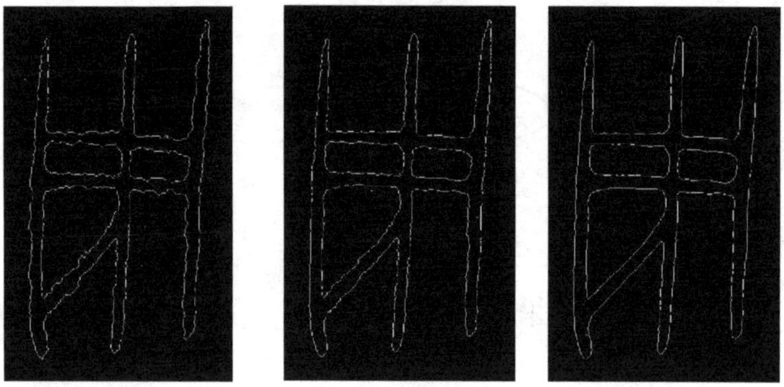

(a)　　(b)　　(c)

图 1 – 13　测试结果 1

表 1 – 1　压缩变换和数据拟合的时间花费

算法	时间花费	实验结果
压缩变换	0.51s（Figure 12），0.45s（Figure 13）	平滑效果较好
数据拟合	0.16s（Figure 14a），0.15s（Figure 14b）	轻度平滑，比较粗糙

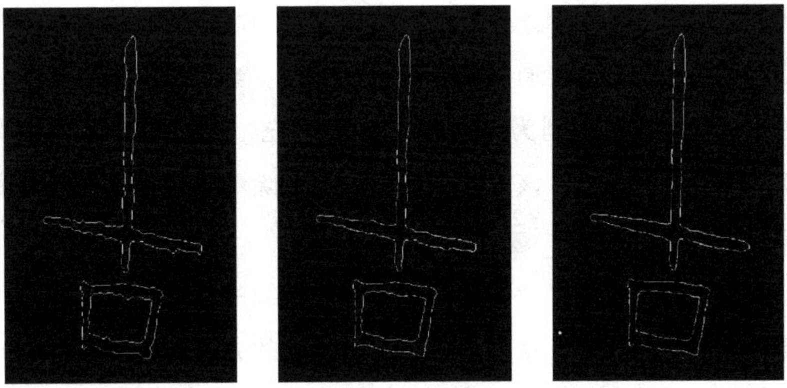

（a）　　　　　　（b）　　　　　　（c）

图 1－14　测试结果 2

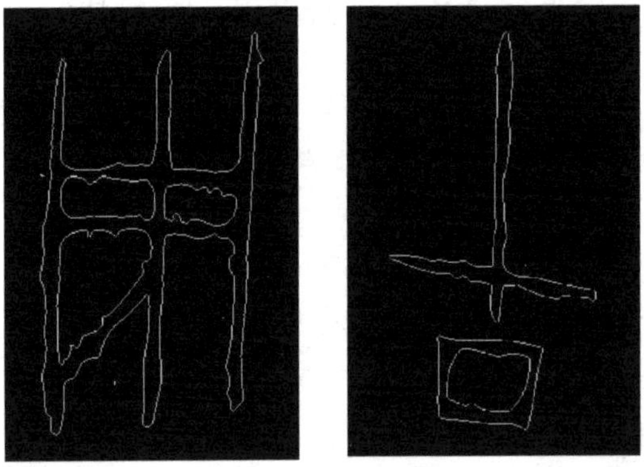

（a）　　　　　　（b）

图 1－15　数据拟合实验结果

1.3　本章小结

甲骨文是我国迄今发现的最早的一种成熟文字系统，如何有效地对甲骨文进行展示和保护具有重要的意义。本章分析了甲骨拓片字形图像中噪声以及字形图像边缘的特点，通过计算甲骨拓片字形图像上连通区域面积的统计特征，提出了一种基于泊松分布和区域填充的图像去噪方法。根据各连通区域的面积与数学期望的差值，所有的连通区域都被识别处理。当差值小于数学期望时，连通区域被识别为噪声区域并被填充，从而笔画区域被保留。实验结果显示，该方案可以有效地去除甲骨拓片图像上的噪声区域。

本章还分析了甲骨拓片图像上字形边缘的分形特征，提出了基于分形几何的字形复原方法。通过统计的方法计算字形边缘的分形维数，对甲骨拓片图像上字形的笔画和笔段进行加权的压缩变换，从而对甲骨拓片字形图像的边缘进行平滑，最后，可以获得接近甲骨文字形原貌的字形。实验结果显示，该方案可以成功地对甲骨拓片字形图像边缘进行平滑，并保持字形边缘的基本形状。

第二章　传统字形技术及甲骨文字形技术研究概况

2.1　甲骨文字形特点

甲骨文字形特点是相对于现代汉字字形特点而言的，甲骨文与现代汉字有许多共同之处。甲骨文和现代汉字都是非字母化、非拼音化的象形文字，现代汉字构成方式以象形、指事为原型，使用会意、形声进行扩充，创造新汉字，现代汉字中的象形文字所占比例很小，大多数是形声字。现代汉字最小构成单位是笔画，由数十种笔画组成了数百种结构块，再由这数百种笔画结构块按照一定的方位关系组成数万个汉字，这些笔画结构块，我们称为“部件”，汉字的信息量主要是由这些部件及其组合来体现的。汉字笔画的基本形式有五种：横、竖、撇、点、折，其他笔画都是其相关变形，笔画间的组合关系有四种：离散结构、连接结构、交叉结构、包围结构。而甲骨文的构成方式也有象形、指事、形声、会意等四种，其中象形字占绝大多数，因而，大多数甲骨文字形具有图画性，这也是象形字的特点，由象形字构成的会意字、形声字也大都具有图画性。与现代汉字字形能够区分笔画、可以归纳出组合方式不同，绝大部分甲骨文字形难以区分笔画，其组合方式也没有规律可循，单个甲骨文字形只能看作一个图形，作为一个整体进行处理。

汉字经过几千年的发展，字形基本上都固定下来，1997 年 12 月国家语言文字工作委员会颁布了《信息处理用 GB 13000.1 字符集汉字部件规范》，制定出汉字基础部件表及其使用规则。国家质量技术监督局于 2000 年 3 月 17 日推出了 GB 18030—2000 标准，该标准收录了 27484 个汉字，此外，GB 18030—2000 字符集还提供了 13 种汉字结构符和一些汉字部件。中国台湾使用的是 BIG5 编码，收集了 13052 个汉字。这些规定使汉字每一个字形都对应一个唯一的内码。甲骨文字形整体上虽趋向于定型性，表现出一定的成熟性，但很多甲骨文还存在一字多形的现象，难以与汉字内码一一对应。这是因为商代占卜虽然有专门官员负责，但是由于没有统一刻写标准，在刻写甲骨文时难免出现错刻、倒刻、缺刻某些笔画的现象，加之商朝时间跨度较大，甲骨文中的颠倒字、共用字、假借字等情况也时有发生。

汉字笔画的长短、粗细，笔画间的构成方式以及部件与部件之间的连接方式都有统一的规定；而甲骨文是用刀或者其他坚硬的工具刻在龟甲或兽骨之上，具有不同于使用毛笔或钢笔书写汉字的风格。例如构成甲骨文的线条多为直线，而且线条瘦劲挺直，两端尖锐，转折处往往以两条直线相接成曲折状。甲骨文的形体特点就是构形的随意性和不规则性，笔画疏密有致，形体变化多姿，随字异形，大多呈不规则的长方形、梯形、菱形、三角形、多边形、椭圆形等，规整的正方形和圆形极少。

总的来说，甲骨文字形有以下几个特点。

一是甲骨文字形不能区分笔画，这是它与现代汉字字形最大的区别之处。

二是甲骨文异体字数量较多，有些甲骨文异体字多达三百余个。

三是甲骨文字形构成具有随意性、不规则性的特点。

2.2　传统字形技术研究概况

2.2.1　当前字形制作工具介绍

当前常见的字体制作工具主要有三种。第一种是 High-logic 公司的 Font Creator Program 软件，该软件主要用来制作 TrueType 字体文件，除了可以创建新字库还能直接修改系统中任何 TrueType 字体，创建或修改后的字体能够在系统中存储和使用。这个软件主要是针对字符较少的西方文字设计的，对数目巨大的中文字库支持还存在许多局限，如存在生成字体速度慢，生成的字形容易变形等缺点。

第二种是 Fontlab 公司的造字系统 AsiaFont Studio 3，该系统是一个适用于全世界多种语言的字形编辑器，它能够将世界上任何一个国家的语言编辑出超过 65000 个字形，也能直接修改 Type1、TrueType、OpenType 和 CID 格式的字形，编辑后可以保存为 TrueType、OpenType 和 CID 等格式。这个软件和所有 Unicode 的完整字集的显示和制作兼容。这个字形制作工具能够很好地实现对以汉字为主的东方文字的支持，但是对于像甲骨文这样的古文字的支持还有很多不足，如无法实现对原始的甲骨字形图像进行预处理。

第三种是 Windows 造字程序，它是 Windows 95 操作系统及以上版本自带的造字程序，主要用来生成 TrueType 格式字体。对于系统中没有定义的汉字，用户可以使用该造字程序造出新的汉字并把它存储到操作系统中。用户同时可以定义与该字形相对应的某个输入法的代码，在使用时直接通过输入法进行调用。通过该造字程序所造的字可以像系统字体一样缩小、放大、显示、打印。该程序用于汉字信息的输入方法有三种：①从现有字库中引入点阵字形，再通过对汉字的点阵调整和编辑，使汉字的点阵轮廓化，然后对提取的 TrueType 关键点进行注册，保存到字库中；②利用该程序所提供的造字工具绘制出点阵汉字，然后对其进行轮廓化，将关键点注册；③通过对汉字字模位图的编辑，再对图形轮廓进行提取，最后将提取的关键点保存到字库中。该造字程序的缺点是生成的汉字只能在当前操作系统中使用，而且无法对输入的图像进行操作。

2.2.2　字形描述标准的演变

计算机字形描述经历了点阵式、矢量式、曲线轮廓式等几个阶段。低分辨率点阵产生的字符一般比较粗糙，使用价值低；高分辨率的点阵字符形成字库后所占空间巨大，计算机显示和存储一般比较慢。而矢量字符在较高的放大倍数下字形有一定的失真。曲线轮廓字符采用直线或二次、三次 Bezier 曲线来描述字体的轮廓，还原时能够真实地再现原来字体的风格，缩放时无锯齿出现。

当前以 PostScript 和 TrueType 两种字体文件格式为代表的曲线轮廓字形技术成为主流。PostScript 字体是美国 Adobe 公司于 1985 年发明，使用 Bezier 曲线进行轮廓描述，字体在放大和缩小时失真很小，目前的大多数打印机支持 PostScript 字体。国内不少单位开发出适合汉字处理的 PostScript 的解释器或汉字字形的曲线描述器，如南京大学开发的 PostScript 解释器（胡长原、张福炎，1995）。

Apple 和微软公司为了打破 Adobe 公司的垄断而合作开发了 TrueType 字体。该字体吸收了包括 PostScript 字体在内所有字体的优点，与 PostScript 相比，它降低了曲线方程的次数，使用二次 Bezier 曲线描述字形轮廓，通过其丰富的指令集弥补二次 Bezier 曲线描述字形轮廓的不足，从而大大提高了解释器的速度并且保证其强大的描述能力和精确的还原质量。该字体主要应用于微软 Windows 系列软件之中，随着 Windows 操作系统的流行，TrueType 字体描述技术已成为事实上的工业标准。1996 年 5 月 Microsoft 和 Adobe 公司联合推出了一个开放、无版权的字形描述技术——OpenType 字体格式，它集中了 TrueType 和 Type1 两种字形描述技术。当前最新的字形技术是微软 ClearType 字形技术。它是字形显示技术极大的革新，它显著地提高了字形显示分辨率，使屏幕的可读性得到很大的提高。该技术已在 Windows XP 操作系统中使用。南京大学计算机系软件新技术国家重点实验室对 TrueType 字形数据的存取技术进行了研究，基本上实现了 TrueType 汉字字形编辑器。①

2.2.3　国内外对以汉字为主的东方文字字形技术研究综述

由于曲线轮廓比点阵、矢量轮廓描述字形有着无可比拟的优

① 参见王瑜、黄源、张福炎（1997），黄源、王瑜、张福炎（1998）。

势，西方文字纷纷使用曲线轮廓描述字形。然而，由于以汉字为主的东方文字在构造上远比西方文字复杂，笔画又较多，字符数目非常庞大，如何描述东方文字已成为人们关注的焦点，世界各国特别是亚洲各国学者纷纷对此进行了深入的研究。

当前对汉字字形生成技术研究主要有以下三种方法。

第一种方法是运用汉字结构之间的关系解决合体字的生成问题。该方法主要考虑如何利用知识化描述汉字书法规则，再建立一个实验系统检测和评价这些规则，在此基础上修改汉字字形的形状。樊建平（1990）阐述了智能字形设计的思想，解释如何使用汉字结构码量化传统书法规则知识的方法解决自动设计合体字生成问题，而独体字使用传统的字形设计方法完成，文章详细探讨如何量化一般的书法规则知识问题，最后通过一个实验系统ICCDS对其提出的方法进行试验，该方法为合体汉字自动设计问题的解决提供了一条新的途径。徐朝晖、蔡士杰（1996）介绍了一种以汉字间架结构和基本笔画为汉字的知识表示，通过由导向因子和宽度因子控制的笔画映射设计曲线轮廓汉字字形。

这种方法与传统字形生成方式相比有着很高的效率。缺点是对每个汉字结构特征量化工作很难完成，生成的字体质量也难以保证。此外，该类方法对使用者的审美标准和书法能力也有严格的要求。

第二种方法是基于笔画抽取的曲线轮廓汉字字库自动生成技术的研究，首先需要抽取汉字字形轮廓，然后使用不大于三次的Bezier曲线拟合笔画轮廓线得到连续化字形数据。马小虎、潘志庚（1994）提出了一种Bezier曲线描述轮廓库自动生成算法。该算法先提取汉字的轮廓线，再生成汉字轮廓线的汉字库，最后使用Bezier曲线拟合各个笔画轮廓段。马小虎、潘志庚、张福炎

（1996）研究了如何基于笔画描述的样条汉字获得汉字字形的轮廓描述，以便提高汉字字形的描述质量，在笔画抽取过程中，着重研究了拟合过程中初始分段点的确定、取样点的选取、轮廓数据的平滑处理等问题。卫平、董韫美（1989）研究如何将一个黑白图像数据由离散转化为连续的方法。文章主要研究如何由汉字字形点阵数据，得到描述汉字字形轮廓线的一组 Bezier 曲线，然后由这些曲线复原出原来点阵；并设计了一个基于三次 Bezier 曲线的字形转换系统，把汉字字形设计系统产生的多笔画曲线轮廓数据加工成整字曲线轮廓字形数据。

这种方法通过提取轮廓线，并使用 Bezier 曲线拟合笔画轮廓线来获得连续化字形。该方法提高了汉字字形的描述质量。缺点是由于部分轮廓线提取不准确，容易造成字形描述的变形。

第三种方法是对汉字的某些字体特征进行变形或者通过结合两种或几种字体风格的方式生成新字体。这种方法具体又可以分为两种情况。

一是基于汉字某种字体的结构特征（诸如笔画宽度、笔画末端的形状）进行变化产生新字体。例如宋体可以生成几种笔画宽度不一的新宋体，黑体自动生成隶书和圆头体。严伟荣、蔡士杰（1994）以宋体为例介绍了基于笔画特征的轮廓汉字字形衍生方法。根据每一种笔画的特征设计它的变换序列，然后读取需衍生的汉字，分析它的笔画组成，再给出整个变换序列，进行相应的变换并对变化后的轮廓段求交，得到新的曲线轮廓。陆波、蔡士杰等（1995）以圆头体的字体特征为基础，使用覆盖规则自动生成一种琥珀体曲线轮廓汉字字形。高晓、蔡士杰（1995）研究了黑体到隶书的汉字字形自动变形方法。

中国香港、韩国、美国的学者也对基于笔画曲线轮廓技术进行了深入研究。保罗和休（Paul and Siu，1995）研究如何利用部件建造汉字自动生成系统。他们展示了如何使用结构化的特征描述来设计字符的方案。文章讨论了笔画的定义，组件的构建，字符外部特征的平衡，并考虑字形设计需要涉及的很多因素，例如如何协调组件的间隔、复杂度、黑度、视觉中心、重力中心等。苏布姆和米杨苏（Soon-Bum and Myung-Soo，1995）针对中文和朝鲜文字，利用笔画元素的结构关系合成新字体，通过对笔段和笔画分别进行设计，就可以相对容易地保持字形的连续性，从而更容易地进行字体的设计，文章最后给出一个交互性的字体设计系统来设计和检验结果。Hu Changyuan 和 Roger D. Hersch（2001）给出了基于外形组件的参数型字体。该方法能够快速产生一种新字体，缺点是不容易确定笔画各自变换规则和容易产生异常笔画，而且生成新字体的数量有限，形式也很单一。

二是通过汉字字体之间的相互变形或者把两种或几种字体风格相互合并产生新字体。由于上述第一种情况只能基于某种字体，产生变种有限，形式也很单一，有人提出了结合已有的两种或数种字体风格，自动生成各种各样的汉字字体。例如结合楷体和隶书体的书写风格，形成一种新的组合字体叫楷隶体，再结合宋体的特征和楷隶体的特征，就可以得到另一种新字体或者叫楷隶宋字体。使用这种方法，可以快速地生成大量的新字体。马小虎、潘志庚等（1996）提出了一种基于 Fourier 级数描述器自动生成多种汉字的方法，该方法使用 Fourier 级数表示汉字的轮廓，对某种字体进行处理，并根据 Fourier 级数展开式中谐波的变化，生成多种风格的汉字，还可以通过合并多种字体的风格，生成多种具有混合风格的汉字字形。潘志庚、马小虎等（1996）使用几何形状的代数系统结合几种字体的风格进行形状操作，生成新字体。该方法能够方便地产生大量形式不同、风格各异的新字体。

2.2.4 国内外对书法字体及古文字字形技术研究概况

书法是中国特有的艺术，书法字和标准汉字相比，往往存在字形不规则、不规范的现象。如何使用计算机对书法字形进行方便地处理引起了人们的重视。王钲旋、庞云阶（1991）采用分段三次参数样条曲线描述书法汉字的轮廓线，对笔速和墨量进行模拟以表现不同笔法的效果。这个系统分为两个部分，书法汉字组字与生成显示部分，笔迹描述数据获取和笔迹库构造部分。书法汉字组字及生成显示部分中的组字部分可以交互式地工作，允许操作人员指定或修改表示笔迹应出现位置的有关数值，并把最后确定下来的数值传送给生成显示部分。生成显示部分通过动态地生成组成书法汉字的每条笔迹而在计算机显示屏幕上写出汉字。笔迹描述数据获取和笔迹库构造部分主要是获取笔径上适当多样点的位置坐标数据，样点处的左右笔深数值，笔径分段位置的标记数值以及笔径上各段的性质说明数值等，可以对笔速、墨量等参数进行调整。方逵、吴涛（1996）把毛笔的运动分解为两部分：一部分是笔尖在纸上移动，称为“笔径”，另一部分是笔杆的上下移动从而引起笔尖与纸接触时的轻重变化。先模拟笔径，然后利用线性差值的办法计算出曲线上任意一点的粗度值，最后在不同的点依次画出以粗度为半径的圆盘，最终完成对笔画的填充。

小篆作为一种典型的古文字，与现代汉字字形风格有所不同，字形一般由曲线构成，且字形规范，委婉曲折，体式圆浑，粗细统一（王宁，2005）。周晓文（2002）在 Windows 环境下开发了一个专门用于小篆的造字软件。该软件使用扫描仪输入所需的字模，提取字模的轮廓数据，再对这些数据处理，以清除无用信息，然后使用数学的方法将点阵数据转化为二次曲线轮廓数据，利用造字软件修改二次曲线轮廓数据，获得最终所需字体。该软件的优点是再现了小篆字体的原有风貌，并提高了创建字库的效率；缺点是自动化程度差，需要人工修改的地方较多。

与书法字和其他古文字相比，甲骨文普遍笔画偏多、字形构造更复杂，而且难以分解笔画和总结笔画规则。由于种种原因，对甲骨文字形计算机处理的研究不仅落后于现代汉字，而且还落后于书法字和中国其他古文字如小篆、金文等字形的计算机处理研究。

2.3 本章小结

本章介绍了传统的字形技术，当前的字形制作工具主要有：High-logic 公司的 Font Creator Program 软件，Fontlab 公司的造字系统 AsiaFont Studio 3，Windows 操作系统自带的造字程序。计算机字形描述经历了点阵字形、矢量字形、曲线轮廓字形等几个阶段。当前以 PostScript 和 TrueType 两种字体文件格式为代表的曲线轮廓字形技术成为主流。当前对汉字字形生成技术主要有以下三种方法：一是运用汉字结构之间的关系解决合体字的生成问题；二是基于笔画抽取的曲线轮廓汉字字库自动生成技术的研究；三是对汉字的某些字体特征进行变形或者通过结合多种字体风格的方式生成新字体。

第三章　甲骨文点阵字形连续化的方法

几千年来，刻有文字的龟甲和兽骨深埋地下，很多甲骨被腐蚀，加之出土时的损坏，造成许多甲骨残缺不全，大多数甲骨有明显的裂痕，以此为原型的甲骨文拓片，往往字形模糊，包含有许多噪声点。这样的图像一般质量不高，难以满足进一步处理的需要，往往需要对它们进行预处理，以便提取某些特定的信息。

图像的预处理包括图像增强、平滑滤波、锐化等。图像的预处理既可以在空间域实现，也可以在频域内实现，本章主要在空间域内对图像进行点运算，它是一种既简单又重要的图像处理技术，通过改变图像上像素点的灰度值，产生新的图像。

本章利用中值滤波过滤图像中细小的噪声点，对图像的边缘进行平滑以及使用图像锐化技术增强图像的边缘轮廓。同时由于甲骨文字形大小不一，边界也不整齐，应对这些字形进行放大、缩小操作，使它们能够大小一致，便于进一步处理。

3.1 对甲骨字形图像的预处理

3.1.1 对甲骨字形图像进行增强处理

图像增强的目的是使处理后的图像比原始图像更适合于特定的运用，图像增强过程本身并不增加图像所包含的信息量，它只是明显地突出某些特征信息以便加以处理和利用。图像增强的手段很多，本章使用的方法主要有以下几种。

1. 图像的平滑（去噪声）

图像的平滑是一种实用的数字图像处理技术，主要目的是减少甲骨字形图像的噪声和消除图像边缘的锯齿。平滑模板的思想是通过一点和周围八个点的平均来去除突然变化的点，从而滤掉一定的噪声，其代价是图像有一定程度的模糊。

所谓中值滤波，就是指把以某点为中心小窗口内所有像素的灰度按从大到小的顺序排列，将中间值作为该点的灰度值（若窗口中有偶数个像素，就取这两个中间值的平均值）。中值滤波是一种典型的低通滤波器，它的特点是在保护图像边缘的同时去除噪声。

中值滤波容易去除孤立点，消除图像噪声的同时很好地保持图像的边缘，它能很好地去除二值噪声，但对高斯噪声无能为力。

2. 图像的锐化

因为有些甲骨字形图像比较模糊，常常需要把图像变得清晰一些，这就是图像的锐化操作。图像锐化和平滑相反，目的是使模糊的图像变得更加清晰，它是通过增强高频分量来减少图像中的模糊，因此又被称为高通滤波。锐化处理在增强图像边缘的同时增加了图像的噪声。常用的锐化模板是拉普拉斯模板。如图3－1所示：

$$\begin{bmatrix} -1 & -1 & -1 \\ -1 & 9* & -1 \\ -1 & -1 & -1 \end{bmatrix}$$

图3－1　拉普拉斯模板

从中可以看出拉普拉斯模板的含义，先将自身与周围的8个像素相减，表示自身与周围像素的差别，再将这个差别加上自身作为新像素的灰度。可见，如果一片暗区出现了一个亮点，那么锐化处理的结果将使这个亮点变得更亮。

3.1.2　对图像进行标准化处理

1. 放大和缩小操作

扫描输入计算机中的甲骨字形图像在使用的过程中，有时需要对其进行放大和缩小操作，使甲骨文字形大小尽量保持一致。放大和缩小有两种方法，一种是直接赋值给和它最近的像素值，另一种是使用插值算法来计算，后者虽然处理效果更好，但计算量很大。本章使用第一种方法对甲骨图像进行标准化处理。

（1）图像的缩小操作

图像的缩小一般分为按比例缩小和不按比例缩小两种。

1）图像按比例缩小

最简单的是图像缩小一半，只需取原图的偶（奇）数行和偶（奇）数列构成新的图像。

如果图像按任意比例缩小，则需要计算选择的行列。

$M \times N$ 大小的图像缩小为 $kM \times kN$ 大小，($k<1$)。

设原图像为 G (x，y)，新图像为 g (x，y)，则

$$g(x, y) = G(\text{int}(kx), \text{int}(ky)) \tag{3-1}$$

2）图像不按比例缩小

$M \times N$ 大小的图像缩小为：$k_1M \times k_2N$ 大小，($k_1<1$，$k_2<1$)。

设原图像为 G (x，y)，新图像为 g (x，y)，则

$$g(x, y) = G(\text{int}(s_1x), \text{int}(s_2y)) \quad (s_1 = 1/k_1,\ s_2 = 1/k_2) \tag{3-2}$$

（2）图像的放大操作

图像的放大也可以分为按比例放大和不按比例放大两种。

1）按比例放大图像

如果需要将原图像放大 k 倍，则将一个像素值添在新图像的 $k \times k$ 的子块中。

2）图像的不按比例放大

这种操作由于 x 方向和 y 方向的放大倍数不同，常带来图像几何畸变。

该放大的方法是：将原图像的一个像素添到新图像的一个 $k1 \times k2$ 的子块中去。

2. 二值化

扫描后的甲骨字形图像一般保存为 BMP 为扩展名的文件，这是 Windows 系统中的设备无关位图文件，一般是真彩色图像或者是 256 色的多值图像，图像的数据量往往比较大。在实际图像处理过程中，常常需要将这样的一幅多值图像转换成二值图像，这样可以减少图像的数据量，更加突出图像的某些特征，从而便于进一步的处理。

二值化是简单的阈值操作，它的操作过程是在原图像的灰度区间中设定一个阈值 L，然后令图像中所有灰度值小于或等于 L 的像素新灰度值为 0，所有灰度值大于 L 的像素新灰度值为 1，这样就完成了图像的二值化处理。

3.2　甲骨文点阵字形连续化的方法

3.2.1　标记连通区域

甲骨文字形通常是由各个孤立的部分组合而成的，如果分离出这些孤立的部分，然后分别对它们进行处理，就能减小甲骨文字形处理的难度。这就需要标记出图像的各个连通区域。

标记连通图的算法如下。

①从上往下、从左往右扫描二值图像，最先检出的黑色点记为点 P，并标记它。

②以 P 为起点，判断 P 点周围左、上、下、右 4 个相邻点，若存在一个点是黑点，并且没有被标记过，则标记这个点，并把这个点记为 P_1。

③以 P_1 为起点，进行步骤②，直到找到一个点周围 4 个相邻点全是白色，或者都被标记过为止。那么这些被标记的点构成的图形就是一个连通图。

④继续扫描图像，重复步骤①、②、③，直到图像中所有的黑点都被标记过为止。

3.2.2　轮廓提取

轮廓提取的目的是获取图像的外部轮廓特征。对于甲骨文字形而言，获取图像轮廓的特征信息就可以确定整个字形的形状，而且大大减少了描述整个字形所需的数据量。

对二值图像轮廓提取的算法是从上往下、从左往右扫描图像，最先扫描到的黑色点记为点 P，然后判断 P 点周围上、下、左、右 4 个相邻点，如果全是黑点，则 P 点被标记为内部点，并将该点删除。继续扫描，再进行上述判断，直到全部图像都被扫描过为止，那么，所有未被标记为内部点的黑点构成了图像轮廓。

3.2.3　轮廓追踪

轮廓追踪是为了使甲骨文点阵字形连续化，获取字形轮廓数据，主要方法是沿着图像的边界进行搜索，并将搜索到的轮廓线上的点记录在点列上，这样，一个点列就表示一条轮廓线。这里使用 3×3 的模板对轮廓线上的点进行判断，约定图像的背景色为白色，图像颜色为黑色。建立一个以 P 点为中心的 3×3 的模板，如图 3－2 所示，按上、左、下、右、右上、左上、左下、右下次序标上序号。

6	1	5
2	P	4
7	3	8

图 3－2　轮廓追踪使用的模板

轮廓追踪算法如下。

①从上往下、从左往右扫描图像，找到图中第一个黑点记为 P_1。把 P_1 点作为轮廓线追踪的起点。

②使用模板检验 P_1 点周围各像素的颜色，把第一个遇到的黑

色像素设为 P_2点。如果 P_1点周围的各个像素都是白色，则 P_1点为孤立点，停止追踪。

③以 P_2点为起点，重复步骤②。假设已经找到 P_n点（n 为正整数），以 P_n为起点，重复步骤②，如果搜索到 P_{n+1}，而且 $P_n=P_1$，$P_{n+1}=P_2$，则表明 P_1，P_2，…，P_{n-1}，已经组成一个封闭轮廓，点列 P_1，P_2，…，P_{n-1}就是所要找的一条轮廓线。

④继续进行步骤①，把第一个被扫描到且未被记录的黑点作为起点，同时判断轮廓线所在的轮廓是内轮廓还是外轮廓，是内轮廓的话则按逆时针方向做步骤②、③，否则按顺时针方向做步骤②、③，直到图像中所有的轮廓点都被记录过为止。

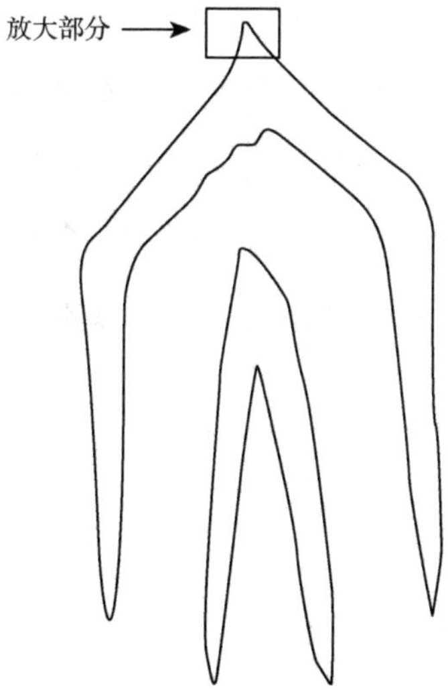

图 3－3　轮廓追踪得到的图像

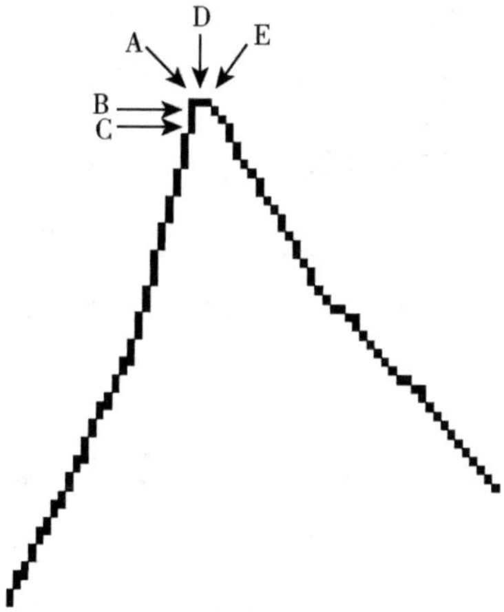

图 3－4　对图 3－3 方框内的部分放大展示

图 3－3 展示的是通过轮廓追踪得到的图像，图 3－4 是对该图像方框内的部分进行放大的结果。依据以上算法，从上往下、从左往右扫描图像，点 A 应该是第一个被扫描到的点，执行步骤

②，A 点上面、左边都没有黑色点，依据模板，位于 A 点下面的点 B 成为第二个被追踪到的轮廓点，而位于 A 点右边的像素 D 不会被追踪；以点 B 为起点，执行算法，首先遇到黑色点 A，A 被追踪过，应该被忽略，黑色点 C 未被追踪过，点 C 成为下一个被追踪的起点，位于 B 点右上方的像素 D 仍然不会被追踪。继续进行追踪，点 D 应该是最后一个被追踪到的点，以点 D 为起点，执行算法，D 点周围八个方向没有黑点未被追踪过，这时又回到最初的起点 A，而 A 点周围的黑点也都被追踪过，这说明 A、B、C、…、E、D 已成为一个封闭轮廓。该轮廓线追踪的整个过程结束。

由于甲骨文字形上任意一条封闭轮廓线都有一定的大小，而且甲骨图像往往有大小不一的污点存在，通常这些点比构成字形的图形部分小得多，虽然这些斑点面积小，但仍然无法通过中值滤波过滤它们。我们可以通过计算一条轮廓线上的点列的多少，判断该轮廓线所围的区域是不是一块污迹。例如先预设一个正整数 Q，当点列的数目小于 Q 时，则认为该轮廓线所围区域不是字形上的部分，而是污迹，删掉该点列。

3.3 特征点提取

3.3.1 特征点提取算法简介

轮廓特征点是图像的重要特征，它决定了图像的基本形状，所以它在图像处理、模式识别等领域都有着重要意义。所谓特征点就是能够代表边界曲线特征的一部分点，主要位于以下三种情况之中：①轮廓线急剧锐转的两侧（即拐角两侧）；②直线与直线、较平直曲线与大曲率弧线的交接部位；③凸凹向相反的曲线结合处。特征点包括角点、切点和拐点等，其中角点是目标轮廓线上曲率超过一定阈值的点，切点是圆弧和直线的平滑过渡点，拐点是凸圆弧和凹圆弧的平滑过渡点。由于它们对目标形状起着决定作用，一旦找到了目标的这些轮廓点也就大致掌握了目标的形状。其中角点的曲率较大，比较容易提取，在图像处理中起的作用较大，国内外学者对它进行了很多研究。切点和拐点的曲率较小，较难提取，其重要性不及角点，因此只有少数学者对它们进行过研究。

目前，有几种代表性的特征点检测方法，主要分为两大类。第一类是角检测和多边形逼近法。首先把图像分成各个小部分，然后用一个链码来表示物体的边界，再寻找具有最大曲率的点或在链条上执行多边形逼近来寻找线段交叉部分。角检测法的一般步骤是：逐个计算曲线上每个点的曲率，找出曲率较大的那些点作为曲线的特征点。多边形逼近法的基本思想是：设数字曲线 C_n 由 n 个点组成，C_i表示第 i 个点，对 C_n中的任意 $n-1$ 个点组成的曲线求它们的面积，然后与 C_n的面积相比较找出一个差值最小的 $n-1$ 个点集合，记作 C_{n-1}。消除的那个点是对 C_n的形状影响最小的点，再对 C_{n-1}用同样的方法求 C_{n-2}，依此类推。这样在给定的准则下就可以找出一个序列的点集，但这种算法的缺点是空间和时间的花费较高，并且找出所需要的点序列的准则也不好把握。另一种方法是直接在灰度图像上进行操作，这种方法主要运用斜率、表面曲率以及通过计算各个点的曲率来提取特征点。

第二类主要有 Wang 和 Brady（1995）提出的一种基于曲率探测角点的方法，即执行 3 ×3 Sobel 算子操作获得边界的长度和方向，通过判断非角点前后向量的方向来获得角点，该算法抗干扰能力差，同时设置两阈值大小也有困难。Smith 和 Brady（1997）提出了一种新的算法：SUSAN。该算法使用简单的掩模操作，而不是使用梯度卷积。在探测角点时，先建立一个包含 37 个像素的圆形窗口，获得 SUSAN 区域，该区域使用中心点抑制其他点，最后在非最大化的抑制处找到角点。该算法在确定角点位置和抗干扰能力方面都优于现有算法，但它在计算 SUSAN 区域和建立大窗口寻找角点方面需要花费大量的时间。其他的角点探测算法有：Dreschler 和 Nagel（1982）通过定义角点在最大高斯曲率处来寻找角点。Movravec（1977）扩展了“兴趣点”的思想，兴趣点被定义为位于在每个方向的强烈变化处。Sun Cheol Bae（2002）提出了改进的 SUSAN 算法等。

本章使用的是第一类算法，与第二类算法相比，它们往往不考虑图像的灰度特征，主要判断曲线斜率强烈变化的地方。该类算法通常比第二类算法简单，计算量小，效果也较好。Liu 和 Srinath（1990）介绍了该类算法中的一些常用的算法，文中还给出了有些算法的相关实验结果。本章着重介绍其中的四种算法，即 Rosenfeld 和 Johnston（1973）、Rosenfeld 和 Weszka（1975）、Freeman 和 Davis（1977）以及 Dmity 和 Zsolt（1999），并把他们的实验结果与我们的实验结果作了简单比较。

介绍这些算法之前，需要将输入的一条链码曲线转化为连续的网格点 $P_i=(x_i, y_i)$，$i=1, 2, \cdots, N$。当处理某点 P_i 时，需要考虑这个点在曲线序列上的前后点。对于一个正整数 k，k 向量在点 P_i 的前后向量分别限定为：

$$a_{ik}=(x_i-x_{i+k}, y_i-y_{i+k})=(X_{ik}^{+}, Y_{ik}^{+}) \tag{3-3}$$

$$b_{ik}=(x_i-x_{i-k}, y_i-y_{i-k})=(X_{ik}^{-}, Y_{ik}^{-}) \tag{3-4}$$

Rosenfeld 和 Johnston 的算法用公式 $c_{ik}=\frac{(a_{ik}\cdot b_{ik})}{|a_{ik}||b_{ik}|}$ 计算 k 向量前后两点夹角的 k - 余弦，然后从 m 开始，令 $m=k$（$k=N$），k 递减，直到角强度 c_{ik} 停止增加：$c_{im}<c_i$，$m-1<\cdots<c_{in}\neq c_i$，$n-1$。

Rosenfeld 和 Weszka 的算法是对 Rosenfeld 和 Johnston 的算法改进，通过公式：

$$\bar{c}_{ik}=\begin{cases}\frac{2}{k+2}\sum_{t=k/2}^{k}c_{it} & \text{if k is even}\\ \frac{2}{k+3}\sum_{t=(k-1)/2}^{k}c_{it} & \text{if k is odd}\end{cases}\tag{3-5}$$

求 k 向量前后两点夹角平均的 k - 余弦。

Freeman 和 Davis 的算法利用公式：

$$\theta_{ik}=\begin{cases}\tan^{-1}(Y_{ik}^{-}/X_{ik}^{-}) & \text{if} \quad |X_{ik}^{-}|\geqslant|Y_{ik}^{-}|\\ \cot^{-1}(X_{ik}^{-}/Y_{ik}^{-}), & \text{otherwise},\end{cases}\tag{3-6}$$

计算在点 i 处，k 后面向量和 x 轴的夹角。

Chetverikov 和 Szabó 的算法首先要扫描图像上点序列 P_i，选取候选的特征点，然后对这些候选点进行处理，消除冗余点。具体分为两步。

第一步：设定规则：

$$\begin{aligned}&d_{\min}^2\leqslant|p-p^+|^2\leqslant d_{\max}^2\\&d_{\text{nub}}^2\leqslant|p-p^-|^2\leqslant d_{\max}^2\\&a\leqslant a_{\max}\end{aligned}\tag{3-7}$$

来记录曲线上每一个点的可变三角形（P^-，P，P^+），这里 $|P-P^+|=|a|=\alpha$ 即 P 到 P^+ 的距离，$|P-P^-|=|b|=b$ 即 P 到 P^- 的距离，$|P^+-P^-|=|c|=c$ 是 P^+ 到 P^- 的距离，而且 $\alpha\in[-\pi,\pi]$ 是这个三角形的开度角（opening angle）。然后通过下

面的公式计算 α 的值：

$$\alpha = \arccos\frac{a^2+b^2-c^2}{2ab} \tag{3-8}$$

最后再确定候选的特征点。

第二步：删除候选特征点中非最大值的点，如果这个点 p 满足条件：它有一个更急剧变化的有效近邻 p_v：$a(p) > a(p_v)$。

3.3.2 特征点提取算法

直线是不弯曲的，半径较小的圆比半径较大的圆弯曲得厉害，而不同曲线有不同的弯曲程度，同一曲线不同部分往往也有不同的弯曲程度。怎么用数量来描述曲线的弯曲程度，数学上用曲率的方法。直线上任意点的曲率都等于零，在相同半径情况下，曲率越大，圆弯曲得越厉害；在相同曲率情况下，半径越小，圆弯曲得越厉害。通过计算曲线每个点的曲率，判断曲线在这个点的弯曲程度。但是由于曲率计算需要两次求导，计算量往往较大。

本章使用反余弦函数计算出当前点与左右相邻点的夹角大小，其夹角不大于某个给定的值 T 的点就被认为是特征点。我们注意到，通过计算轮廓线上当前点与左右相邻点的夹角大小可以判断轮廓线在该点的弯曲程度。对于一个曲线序列 C_n 上相邻的三个点 P_{i-1}，P_i，P_{i+1}，设线段 $P_{i-1}P_i$ 和 P_iP_{i+1} 之间的夹角为 α，则平面上两矢量 $P_{i-1}P_i$ 和 P_iP_{i+1} 夹角的计算公式为：

$$\cos\alpha = \frac{P_{i-1}P_i \cdot P_iP_{i+1}}{|P_{i-1}P_i| \times |P_iP_{i+1}|} \tag{3-9}$$

然后使用反余弦函数求出 α 的大小，这里求出的是弧度制的角，为了比较方便，将它们转换为角度制的角。

当它们的夹角等于0（当夹角等于180度时，也是如此）或者接近于0时，那么就可以认为P_{i-1}、P_i和P_{i+1}三点在一条直线上或者近似于在一条直线上，那么P_i就不可能是特征点，可以把它过滤掉；当它们的夹角是锐角、直角或者是角度稍小一点的钝角时，则轮廓线在P_i处弯曲得就比较厉害，那么该点就有可能是一个特征点；当它们的夹角是较大的钝角时，轮廓线在P_i处看起来就比较平缓，那么该点很有可能不是一个特征点。通过以上分析，通过判断轮廓线上每个点角的大小来确定轮廓线的弯曲程度，进而可以求出特征点。

在实际进行特征点的探测操作中，由于轮廓线上相邻三个点的距离太近，计算它们的夹角容易产生较大的误差。为了减少这种误差的存在，笔者采取从当前点开始，顺序探测当前点和左右相邻点夹角的大小，然后对这些角度求平均值的方法，求出当前点的角度值。例如对于曲线上的点序列C_n，设当前点为P_i，它左边序列上的点分别设为P_{i-1}，P_{i-2}，P_{i-3}，…，右边序列上的点设为P_{i+1}，P_{i+2}，P_{i+3}，…，需要求的角度分别是直线段P_iP_{i-1}与P_iP_{i+1}，P_iP_{i-2}与P_iP_{i+2}，…，的夹角的大小，然后再对这些夹角求平均值作为当前点P_i所在曲线上的角度值。

但是这种检测往往也会漏掉某些点，而这些点对后来字形的拟合很重要，例如对于一段缓慢弯曲的较长曲线，使用上述方法，往往不能检测出该段曲线存在的特征点，而在拟合曲线时，由于曲线段过长，拟合效果往往不很理想，这时需要增加一个特征点。具体方法是：从起始点开始，设置一个变量记录曲线点的个数，判断变量的值，如果等于给定的某个值，即使没有新的特征点出现，也要增加一个新的特征点，以适应缓慢弯曲的较长曲线，同时将变量清0。当遇到一个新的特征点时，将该变量清0，然后继续进行上述判断。

设曲线上任意的三个点为 $A(x_0, y_0)$、$B(x_1, y_1)$、$C(x_2, y_2)$，设线段 AB 和线段 BC 之间的夹角为 β，根据上述矢量夹角的计算公式（3－9）得到求 β 角的坐标公式：

$$\cos\beta = \frac{AB \cdot BC}{|AB| \times |BC|} = \frac{(x_1 - x_0)(x_1 - x_2) + (y_1 - y_0)(y_1 - y_2)}{\sqrt{(x_1 - x_0)^2 + (y_1 - y_0)^2}\sqrt{(x_1 - x_2)^2 + (y_1 - y_2)^2}} \quad (3-10)$$

再利用函数 acos 求出 β 的值。

算法：计算曲线上各个点角的大小。

对于一条闭合轮廓线，设置变量 number，将该轮廓线上的点的个数存放在 number 中，创建数组 angle［number］，并对其进行初始化，该数组用来存放曲线上每个点角的度数。定义变量：V1、V2、V3、Angle。

```
for (j =0; j <10; j + +)
    {
     for (i = 0; i <number; i + +)
      { V1 = (i + number - j) % number;
        V2 = i;
        V3 = (i + j) % number;
        Angle = getVectorAngle (&V1, &V2, & V3);
        if (Angle = = 0)
            Angle = 180.0;
        angle [i] + = Angle;
     }
```

```
    }
for (i = 0; i < number; i++)
        angle [i] /= 10;

//计算角度
getVectorAngle (Point *iv1, Point *iv2, Point *iv3)
      {
        Point v1, v2;
        v1.x = iv2.x - iv1->x;
        v1.y = iv2.y - iv1->y;
        v3.x = iv2.x - iv3->x;
        v3.y = iv2.y - iv3->y;
        double l_ct, l_nt, dot;
        double  alpha;
        l_ct = sqrt (v1.x * v1.x + v1.y * v1.y);
        l_nt = sqrt (v2.x * v2.x + v2.y * v2.y);
        dot = v1.x * v2.x + v1.y * v2.y;
        alpha = acos (dot/ (l_ct * l_nt));
        alpha = alpha * 180.0/3.14159;
        return alpha;
      }
//判断是否为特征点
    BOOL Control [number];
//用来标记曲线上各个点是否为特征点
    for (i = 0; i < number; i++)
      { Control [i] = FALSE; }
```

```
for (i = 0; i < number; i++)
  {
    if (angle[i] < SMALLANGLE)
      { Control[i] = TRUE; }
  }
```

//在一段缓慢弯曲的较长曲线上增加一个额外的特征点

```
int  aa;
aa = 0;
for (i = 0; i < number; i++)
 {  if (Control[i] == TRUE)
  aa = 0;
else
   {   aa++;
      if (aa == 40)
            { Control[i] = TRUE; aa = 0; }
   }
 }
```

3.3.3 特征点提取算法实验结果比较

如图3－5至图3－10所示，从字符“@”的特征点提取的结果看，Rosenfeld 和 Johnston 算法（简称 RJ 算法）、Rosenfeld 和 Weszka 算法（简称 RW 算法）分别漏失4个特征点，其中 RJ 算法有两个特征点找得不准确。Freeman 和 Davis 算法（简称 FD 算法）、Chetverikov 和 Szabó 算法（IPAN 算法）以及笔者的算法，特征点提取得较好，所有关键的特征点都被提取，而 FD 算法误识的特征点较多。

如图 3－11 至图 3－16 所示，从甲骨文字形“年”的特征点提取结果看，FD 算法未能识别的特征点较多，RW 算法较 RJ 算法识别得稍好一些，它们都有某些特征点未能识别。IPAN 算法和笔者的算法对特征点的识别最好。

通过对字符“@”和字形“年”的特征点探测比较结果，笔者提出的算法通过精确的特征点的探测以及采取对缓慢弯曲的较长曲线增加特征点的方法，使特征点提取的结果更适合字形拟合的需要。

图 3－5 特征点提取使用的字符“@”

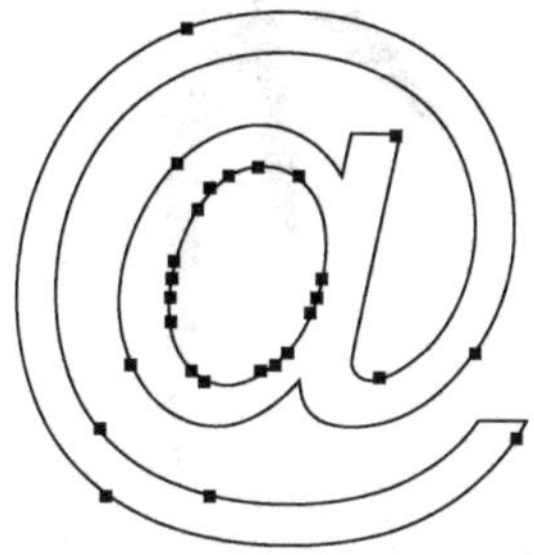

图 3－6 使用 Rosenfeld 和 Johnston 算法得到的图形

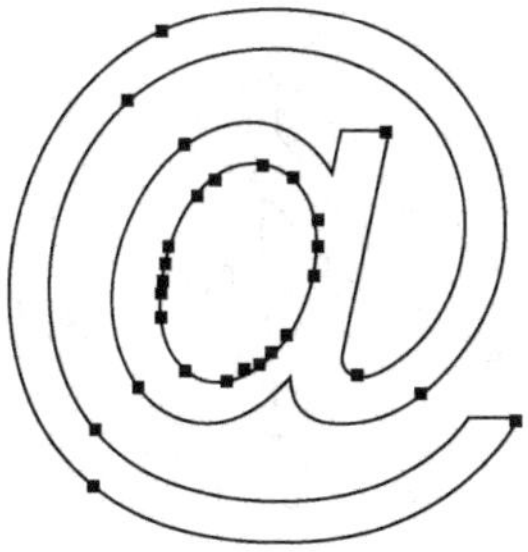

图 3－7 使用 Rosenfeld 和 Weszka 算法得到的图形

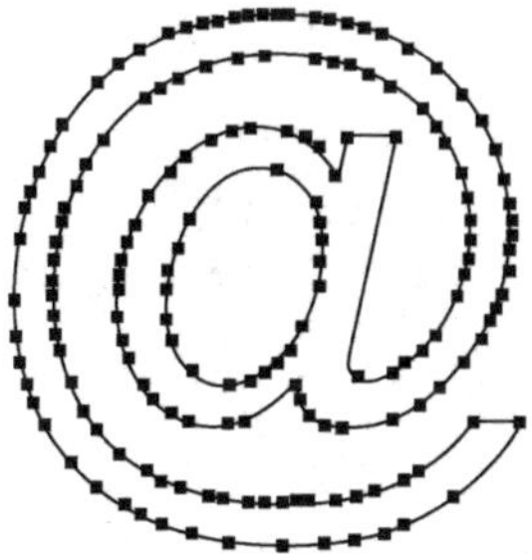

图 3－8 使用 Freeman 和 Davis 算法得到的图形

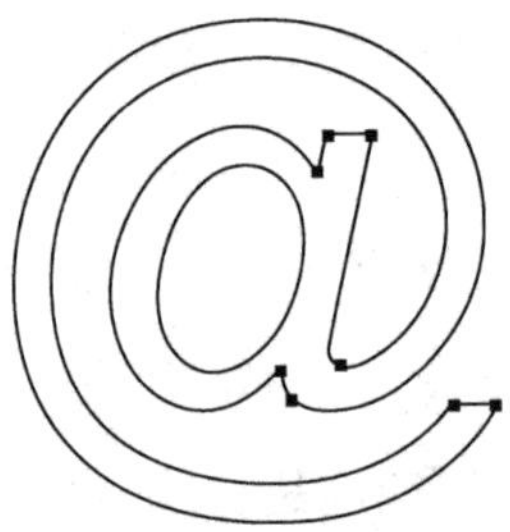

图3－9　使用 Chetverikov 和 Szabó 算法得到的图形

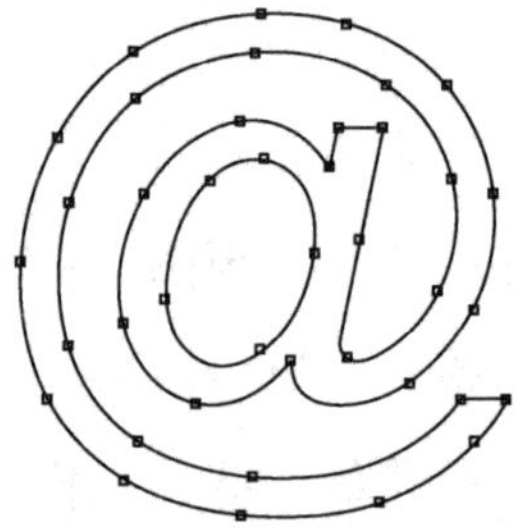

图 3－10　使用笔者的算法得到的图形

图 3－11　特征点提取使用的甲骨文图形“年”

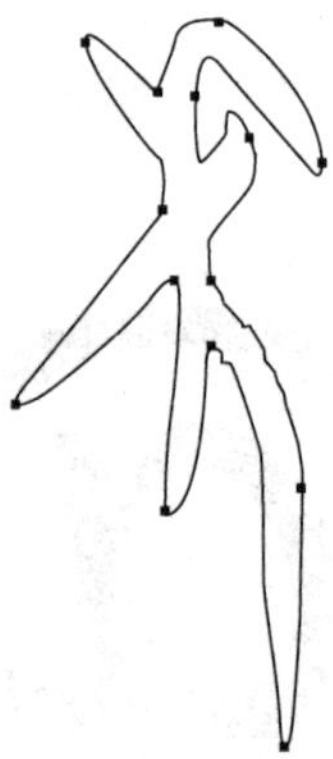

图 3－12　使用 Rosenfeld 和 Johnston 算法得到的图形

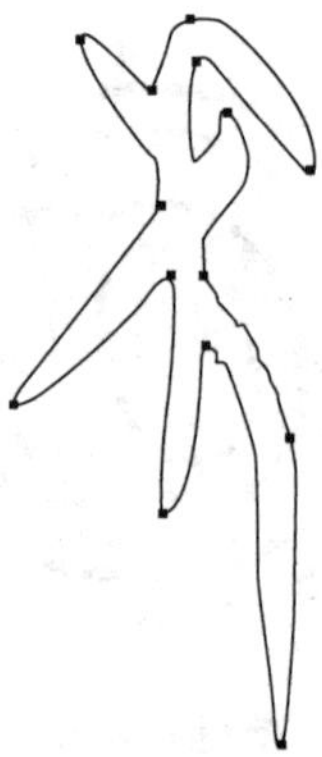

图 3－13　使用 Rosenfeld 和 Weszka 算法得到的图形

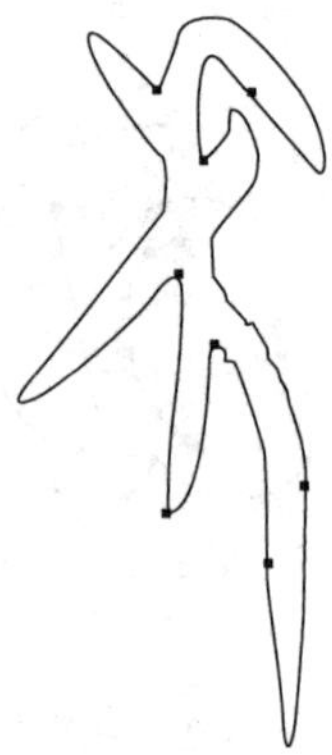

图 3－14　使用 Freeman 和 Davis 算法得到的图形

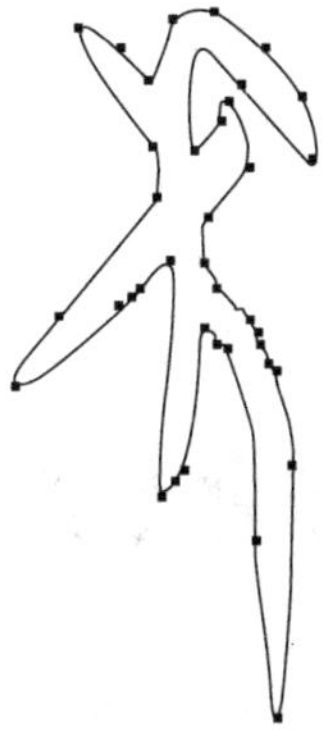

图 3-15 使用 Chetverikov 和 Szabó 算法得到的图形

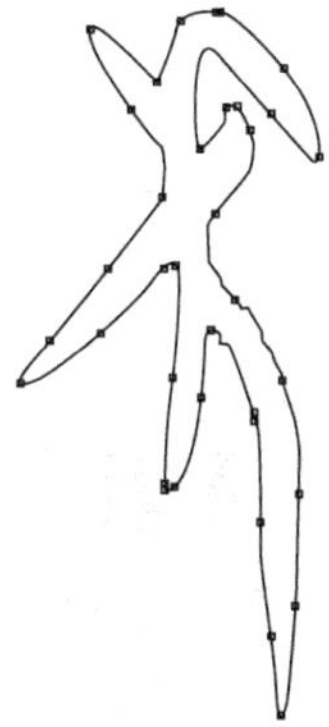

图 3-16 使用笔者的算法得到的图形

3.4 本章小结

刻有文字的龟甲和兽骨深埋地下数千年，出土的甲骨大多残缺不全，有明显的裂痕，以此为原型的甲骨拓片，往往字形模糊，包含许多噪声点。这样的图像质量不高，无法直接使用。为了提取某些特定的信息，需要对这些存在噪声点的图像进行预处理。图像的预处理包括图像增强、平滑滤波、锐化等。

本章介绍了当前几种有代表性的特征点提取算法，并详细说明了笔者的特征点提取算法，给出了相关实验结果，并简单比较了笔者所提出的算法和其他算法寻找特征点的结果。本章还介绍了对甲骨文字形图像进行增强的几种方法，如图像的平滑和图像的锐化等，以及对甲骨文字形图像的标准化操作。介绍了甲骨文字形连续化的方法和步骤，以及甲骨文字形特征点的提取算法，使用反余弦函数计算出当前点与左右相邻点的夹角大小，其夹角不大于某个给定的值 T 的点就被认为是特征点。通过对较长缓慢弯曲的曲线增加额外特征点的方法，提高了字形拟合的精度。

第四章 轮廓曲线拟合方法

曲线拟合是用连续曲线近似地拟合平面上离散点组所表示的坐标之间的函数关系、用解析表达式逼近离散数据的一种方法。曲线、曲面可以用显式、隐式和参数表示。显式表示是形如 $z=f(x, y)$ 的表达式。对于一个平面曲线，显式表示的一般形式是 $y=f(x)$。在此方程中，一个 x 值与一个 y 值对应，所以显式方程不能表示封闭或多值曲线，例如不能用显式方程表示一个圆。隐式表示是形如 $f(x, y, z)=0$ 的表达式。如一个平面曲线方程，表示成 $f(x, y)=0$ 的隐式表示。隐式表示的优点是易于判断函数 $f(x, y)$ 是否大于、小于或等于零，也就易于判断点是落在所表示曲线上或在曲线的哪一侧。参数表示是形如 $x=f(t)$、$y=f(t)$、$z=f(t)$ 的表达式，其中 t 为参数，即曲线上任一点的坐标均表示成给定参数的函数。

平面曲线上任意一点 P 可表示为：

$$P(t)=[x(t), y(t)] \tag{4-1}$$

空间曲线上任意一点 P 可表示为：

$$P(t)=[x(t), y(t), z(t)] \tag{4-2}$$

最简单的参数曲线是直线段，端点为 P_1、P_2 的直线段参数方程可表示为：

$$P(t) = P_1 + (P_2 - P_1)t,\ t \in [0, 1] \quad (4-3)$$

圆在计算机图形学中应用十分广泛，其在第一象限内的单位圆弧的非参数显式表示为：

$$y = \sqrt{1 - x^2} \quad (0 \leqslant x \leqslant 1) \quad (4-4)$$

其参数形式可表示为：

$$P(t) = \left[\frac{1 - t^2}{1 + t^2}, \frac{2t}{1 + t^2}\right],\ t \in [0, 1] \quad (4-5)$$

参数表示的曲线、曲面具有几何不变性等优点，计算机图形学中通常用参数形式描述曲线、曲面，其优势主要表现在以下几点。

①可以保持几何不变性，坐标变换后几何形状不变。

②曲线、曲面的形状控制灵活。如一条二维三次曲线的显式表示为：

$$y = ax^3 + bx^2 + cx + d \quad (4-6)$$

只有四个系数控制曲线的形状。而二维三次曲线的参数表达式为：

$$P(t) = \begin{bmatrix} a_1t^3 + a_2t^2 + a_3t + a_4 \\ b_1t^3 + b_2t^2 + b_3t + b_4 \end{bmatrix},\ t \in [0, 1] \quad (4-7)$$

有 8 个系数可用来控制此曲线的形状。

③对非参数方程表示的曲线、曲面进行变换，必须对其每个型值点进行几何变换，不能对其方程进行变换（因不满足几何变换不变性）；而对参数表示的曲线、曲面可对其参数方程直接进行几何变换。

④便于处理斜率为无穷大的情形，不会因此而中断计算。

⑤参数方程中，代数、几何相关和无关的变量是完全分离的，而且对变量个数不限，从而便于用户把低维空间中的曲线、

曲面扩展到高维空间中去。这种变量分离的特点使人们可以用数学公式处理几何分量。

⑥规格化的参数变量 $t\in[0,1]$，使其相应的几何分量是有界的，而不必用另外的参数去定义边界。

⑦易于用矢量和矩阵表示几何分量，简化了计算。

在长期的科学实践中，人们发明了许多拟合曲线的方法，如插值样条函数方法、参数样条曲线、Bezier 曲线、B－样条曲线、非均匀有理 B－样条曲线（NURBS）等。Bezier 曲线由于具有一系列的优点，在计算机图形学中得到了广泛的应用。

4.1 Bezier 曲线

1962 年法国雷诺汽车公司的 Pierre Bezier 为了解决汽车外型的设计问题发明了 Bezier 曲线，它后来在电子出版，特别是在 Postscript 和 TrueType 字体设计中起到了重要作用。TrueType 字体就是使用二次 Bezier 曲线来定义字符的外形。对给定空间 $n+1$ 个点 P_0，P_1，P_2，…，P_n，称下列参数曲线为 n 次的 Beizer 曲线。

$$P(t)=\sum_{i=0}^{n}P_iB_{i,n}(t),\quad 0\leqslant t\leqslant 1 \tag{4-8}$$

P_i 构成该曲线的特征多边形，$B_{i,n}(t)$ 是 Bernstein 基函数，即

$$B_{i,n}(t)=\frac{n!}{i!\,(n-i)!}t^i(1-t)^{n-i}=C_n^it^i(1-t)^{n-i},\quad i=0,1,\cdots,n \tag{4-9}$$

P_0，P_1，P_2，…，P_n 称为特征多边形的顶点。Bernstein 基函数是［0，1］区间的 n 次多项式。n 次 Bernstein 基函数共有 $n+1$ 个，与多边形的控制顶点数相等，所以每个基函数分别作用于一个顶点，在［0，1］区间内将各个顶点所连成的折线多边形调配

成一条光滑曲线。Bezier 曲线是一条整体曲线，它的次数等于控制顶点数减 1。所以 15 个顶点产生一条 14 次 Bezier 曲线。次数越高，曲线越光滑，但是它离开控制多边形越远，越难从多边形的形状来预测曲线形状。

由公式（4－8）很容易推出常用的 1 次，2 次，…，n 次 Bezier 曲线，如 2 次 Bezier 曲线方程为：

$$P(t)=\sum_{i=0}^{2}P_iB_{i,2}(t)=(1-t)^2P_0+2t(1-t)P_1+t^2P_2,\quad 0\leqslant t\leqslant 1 \tag{4-10}$$

3 次 Bezier 曲线方程为：

$$P(t)=\sum_{i=0}^{3}P_iB_{i,3}(t)=(1-t)^3P_0+3t(1-t)^2P_1+3(1-t)t^2P_2+t^3P_3,\quad 0\leqslant t\leqslant 1 \tag{4-11}$$

Bezier 曲线除了起点和终点（称之为控制点）在曲线上，其他都是控制导引点，都不在曲线上。如图 4－1 是 3 次 Bezier 曲线，端点 P_0和 P_3在曲线上，P_1和 P_2为控制导引点，不在曲线上。P_1和 P_2分别位于曲线的同侧、两侧。

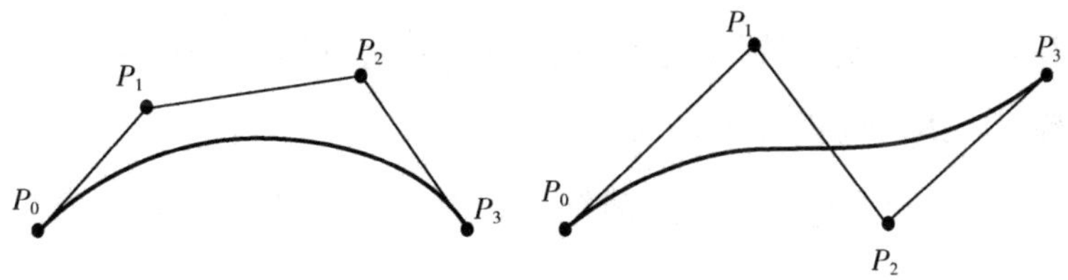

图 4－1　3 次 Bezier 曲线

Bezier 曲线具有很多优点，使得它们在计算机图形学中得到了广泛的应用。Bezier 曲线的主要特点如下。

①Bezier 曲线的首、末端点及其导矢。Bezier 曲线自首顶点 P_0 开始，至末顶点 P_n 结束。Bezier 曲线和特征多边形的首边、末

边相切，首末端切矢的模长分别等于首、末边边长的 n 倍。

②几何不变性。Bezier 曲线的形状仅取决于特征多边形的顶点，而与坐标系的选取无关。在仿射变化下可以映射为另一条 Bezier 曲线，图形引擎只需变换控制点，就可以在设备坐标空间中使用变换后的控制点绘制曲线。

③凸包性。Bezier 曲线 P_t 都是特征多边形顶点 P_i 的加权平均，其权因子即 Bernstein 多项式 $B_{i,n}(t)$，$i=0$，1，…，n。凸包性的几何意义为：Bezier 曲线总是完全位于其控制顶点所定义的凸包之内。

④对称性。给定了特征多边形 P_0，P_1，P_2，…，P_n，我们可以自 P_0 出发构造 Bezier 曲线，也可以自 P_n 开始反向构造 Bezier 曲线。这两条曲线的形状完全相同，但参数化方向相反，即 Bezier 曲线具有对称性。曲线的对称性表明，由同一特征多边形定义的 Bezier 曲线是唯一的。

⑤变差缩减性。若 Bezier 曲线的特征多边形是一个平面图形，则平面内任意直线与 Bezier 曲线的交点个数不多于该直线与其特征多边形的交点个数，这一性质叫作变差缩减性质。此性质反映了 Bezier 曲线比其特征多边形的波动还小，也就是说 Bezier 曲线比特征多边形的折线更光顺。

⑥端点插值性。Bezier 曲线以控制它的多边形首尾端点为其首尾端点，并且与多边形的首尾端点相切。

⑦可分性。一条 Bezier 曲线经中点很容易分成两段 Bezier 曲线。

4.2 Bezier 曲线的递推算法

计算 Bezier 曲线上的点，可用 Bezier 曲线方程，但使用 de

Casteljau 提出的递推算法则要简单得多。

如图 4 –2 所示，设 P_0、P_0^2、P_2 是一条抛物线上三个顺序不同的点。过 P_0 和 P_2 点的两切线交于 P_1 点，在 P_0^2 点的切线交 P_0P_1 和 P_2P_1 于 P_0^1 和 P_1^1，则如下比例成立：

$$\frac{P_0P_0^1}{P_0^1P_1}=\frac{P_1P_1^1}{P_1^1P_2}=\frac{P_0^1P_0^2}{P_0^2P_1^1} \tag{4-12}$$

这就是所谓抛物线的三切线定理，其几何意义如图 4 –2 所示。

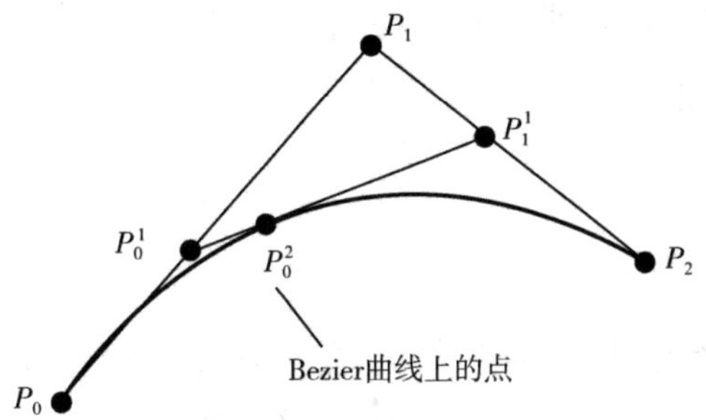

图 4 –2　抛物线的三切线定理

当 P_0、P_2 固定，引入参数 t，令上述比值为 t:(1 –t)，即有：

$$P_0^1=(1-t)\ P_0+tP_1 \tag{4-13}$$

$$P_1^1=(1-t)\ P_1+tP_2 \tag{4-14}$$

$$P_0^2=(1-t)\ P_0^1+tP_1^1 \tag{4-15}$$

t 从 0 变到 1，式（4 –13）、(4 –14）分别表示控制多边形的第一、二条边，它们正好是两条一次 Bezier 曲线。将式（4 –13）、(4 –14）代入式（4 –15）得：

$$P_0^2=(1-t)^2P_0+2t\ (1-t)\ P_1+t^2P^2 \tag{4-16}$$

当 t 从 0 变到 1 时，它正好表示了由三顶点 P_0、P_1、P_2 定义的一条二次 Bezier 曲线，并且表明这条二次 Bezier 曲线 P_0^2 可以定义为分别由前两个顶点（P_0，P_1）和后两个顶点（P_1，P_2）决定的一次 Bezier 曲线的线性组合。

依此类推，由四个控制点定义的3次 Bezier 曲线 P_0^3 可被定义为分别由（P_0，P_1，P_2）和（P_1，P_2，P_3）确定的两条2次 Bezier 曲线的线性组合；进一步，由（$n+1$）个控制点 P_i（$i=0$，1，…，n）定义的 n 次 Bezier 曲线 P_0^n 可被定义为分别由前、后 n 个控制点定义的两条（$n-1$）次 Bezier 曲线 $P_0{}^{n-1}$ 与 $P_1{}^{n-1}$ 的线性组合：

$$P_0^n=(1-t)\ P_0{}^{n-1}+tP_1{}^{n-1},\ t\in[0,1] \tag{4-17}$$

由此得到 Bezier 曲线的递推计算公式：

$$P_i^k=\begin{cases}P_i,\ k=0\\(1-t)\ P_i^{k-1}+tP_{i+1}^{k-1},\ k=1,2,\cdots,n\quad i=0,1,\cdots,n-k\end{cases} \tag{4-18}$$

这便是著名的 de Casteljau 算法。用这一递推公式，在给定参数下，求 Bezier 曲线上一点 P（t）非常有效。上式中：$P_i^0=P_i$ 是定义 Bezier 曲线的控制点，P_0^n 即为曲线 P（t）上具有参数 t 的点。de Casteljau 算法稳定可靠，直观简便，可以编出十分简捷的程序，是计算 Bezier 曲线的基本算法和标准算法。

4.3　字形的 Bezier 曲线拟合研究

传统字形的拟合都是基于3次 Bezier 曲线或者是B样条曲线，也有人使用有理样条或 C－曲线拟合字形。马小虎、潘志庚（1994）给出了三次 Bezier 曲线的轮廓字库自动生成算法，用参数型最小二乘法求三次 Bezier 曲线的导引点，然后拟合给定的轮廓段。杨丰、余英林等（1998）使用3次 B－样条插值曲线表示字形笔画的轮廓线，并规定合成比例系数，统一曲线控制点长度与参数取值范围，得到新的字形笔画曲线表达式，产生新的字形。潘志庚、马小虎等（1996）利用基于 Fourier 变换的闭合曲线描述汉字轮廓，使用 Fourier 进行加法和乘法的变换对不同字形风格进行复合，生成多种风格的字形。杨建、张明敏（2000）提出一种基于 C-Bezier 曲线表示汉字轮廓字体的方法，利用 C-Bezier 曲线具有控制因子、控制点不变的特点，通过改变控制因子的大小来调节曲线的形状，同时通过限制控制因子的大小，还可以将 C-Bezier 曲线退化到 Bezier 曲线表示形式。

本章使用 2 次 Bezier 曲线拟合字形，虽然 2 次 Bezier 曲线不具备 3 次 Bezier 曲线那么强的描述字形轮廓线的能力，但 2 次 Bezier 曲线也具有 3 次 Bezier 曲线所没有的优点，它减少控制点的数目和控制曲线的复杂度，而且 TrueType 字体还通过其丰富的指令大大弥补了 2 次 Bezier 曲线描述能力的不足。

下面是基于特征点的 2 次 Bezier 曲线轮廓字形的巴科斯范式（Backus Normal Form）描述。

〈轮廓汉字〉　::　=〈轮廓段〉{〈轮廓段〉}
〈轮廓段〉　::　=〈直线段〉{〈二次 Bezier 曲线〉}
〈直线段〉　::　=〈POINT〉〈POINT〉
〈二次 Bezier 曲线〉::　=〈POINT〉〈POINT〉〈POINT〉
〈POINT〉　::　=〈X〉〈Y〉X，Y 是整数

4.3.1　直线的绘制

1. 像素绘制

像素是构成图像的最小单位，也就是人们常说的点，像素的物理意义由表示它的输入显示或输出设备确定的。像素绘制是

最基本的绘图操作，直线、曲线的绘制最终可归结为单个像素的绘制。

在 Windows 32 系统中画出像素的基本函数定义如下：

COLORREF SetPixel（HDC hDC，int x，int y，COLORREF crColor）;

其中，HDC 是设备上下文句柄。参数（x，y）指定了逻辑坐标空间中的一个位置，在最终确定（x，y）的位置之前，它要经过设备坐标空间到物理坐标空间的转换。输入参数 crColor 返回的是由 24 位 RGB 颜色空间中的 RGB 宏所指定颜色的返回值。

2. 直线的绘制

直线是图形的基本元素，直线生成的快慢、好坏直接影响到图形的绘制质量。由于一个图形中常常包含成千上万条直线，所以要求直线生成算法应尽可能地快。常用的直线生成算法有：数值微分法（DDA）、中点画线法和 Bresenham 算法。

数值微分法（DDA）实际上是一个增量算法，是使用数值方法解微分方程，通过同时对 x 和 y 增加一个小增量，计算下一个 x、y 的值。由于算法中涉及浮点数的表示，而且需要每一步对 y 进行四舍五入后取整。该算法不利于硬件的实现。

中点画线法的基本原理是：在画直线的过程中，设当前像素点为（x_0，y_0），下一个像素点有两点可供选择 P_1（x_0+1，y_0）或 P_2（x_0+1，y_0+1）。若 M（x_0+1，$y_0+0.5$）为 p_1 与 p_2 之中点，Q 为理想直线与 $x=x_0+1$ 垂线的交点。M 在 Q 的上方时，应取 P_1 为下一点；当 M 在 Q 的下方时，则 P_2 应为下一个点。

在直线生成算法中 Bresenham 算法是最有效率的算法之一。该算法类似于中点法，由误差项符号决定下一个像素取右边点还是右上点。算法原理是：过各行各列像素中心构造一组虚拟网格线，按直线从起点到终点的顺序计算直线与各垂直网格线的交点，然后确定该列像素中与此交点最近的像素。

本章画直线的基本函数定义如下：

DrawLine（int x1，int y1，int x2，int y2）。

4.3.2　二次 Bezier 曲线的绘制

依据从 Bezier 曲线的定义中得到的参数方程绘制 Bezier 曲线，往往计算量过大，只适合于计算机辅助绘图，而曲线实际上是由连续而密集的点连接而成的，在实际应用中，往往需要知道给定的 t 值对应的 Bezier 曲线上的 $P(t)$ 点的位置。由 Bezier 曲线的可分性可以导出直接调用绘制直线的函数来画 Bezier 曲线算法，即 Bezier 曲线的分割递推 Casteljau 算法：在曲线 $P(t)$ 的中点处分割曲线得到两段曲线 $P(t)$ $(0\leqslant t\leqslant 0.5)$ 和 $P(t)$ $(0.5\leqslant t\leqslant 1)$，分别表示为：

$$P(t)=\sum_{i=0}^{n}P_iB_{i,n}(t)=\begin{cases}\sum\limits_{i=0}^{n}P_i^{(i)}B_{i,n}(2t), & (0\leqslant t\leqslant 0.5)\\ \sum\limits_{i=0}^{n}P_i^{(n-i)}B_{i,n}(2t-1), & (0.5\leqslant t\leqslant 1)\end{cases}\tag{4-19}$$

而 $P_i^{(i)}$ 和 $P_i^{(n-i)}$ 可由下面的递推关系确定：

$$P_i^{(r)}=\begin{cases}Pi, & r=0\\ \dfrac{P_i^{(r-1)}+P_{i-1}^{(r-1)}}{2}, & r=1,2,\cdots,n\end{cases}\tag{4-20}$$

式中 $i=r, r+1, \cdots, n$。

运用同样的方法，继续分割曲线，直到它们的控制点足够接近曲线以至于可以直接使用直线来代替它们。根据 Bezier 曲线的收敛性，所产生的曲线必收敛于该曲线。同时由 Bezier 曲线的收敛性可知，经过 n 次分割之后，所得到的每段曲线都能由它们两个端点的连线所代替。根据 Bezier 曲线的可分性和收敛性，对 Bezier 曲线进行若干次分割之后，当曲线同控制多边形两个端点之间连线的距离小于指定的某个很小的正数时，我们就可以使用控制多边形相邻两端点连线来生成 Bezier 曲线。

由于计算 Bezier 曲线与控制多边形连线比较复杂，而由曲线的凸包性

$$d\left(P(t),\ P_0P_n\right) \leqslant \max\left(d\left(P_1,\ P_0P_n\right),\ \cdots,\ d\left(P_{n-1},\ P_0P_n\right)\right) \quad (4-21)$$

可知，Bezier 曲线与控制多边形连线的距离不大于其他控制顶点到控制多边形端点连线距离的最大值。因此不等式的右边常常用来替代计算曲线到控制多边形连线的距离。定义 2 次 Bezier 曲线的控制点有三个：两个在曲线上，一个在曲线外，在曲线外的点称为曲线的导引点，2 次 Bezier 曲线导引点的求法比较简单，首先求出首、尾两个端点的切线方程，然后再求这两个切线的交点，这个交点就是所求的导引点。

本算法通过调用画直线函数绘制二次 Bezier 曲线，根据 2 次 Bezier 曲线的定义：

$$P(t) = \sum_{i=0}^{2} P_i B_{i,2}(t) = (1-t)^2 P_0 + 2t(1-t) P_1 + t^2 P_2,\ 0 \leqslant t \leqslant 1 \quad (4-22)$$

得到各点（x，y）坐标的插值公式：

$$px = (1.0-t) \times (1.0-t) \times x_0 +$$

$$2.0\times t\times(1.0-t)\times x_1+t\times t\times x_2 \qquad (4-23)$$

$$py=(1.0-t)\times(1.0-t)\times y_0+$$

$$2.0\times t\times(1.0-t)\times y_1+t\times t\times y_2 \qquad (4-24)$$

由此可以求出 2 次 Bezier 曲线的控制点。

求 2 次 Bezier 曲线拟合算法如下：

```
DrawBezier（int x0，int y0，int x1，int y1，int x2，int y2）
{
    令 t = 0.0；
    移到画线点（x0，y0）处；
    for（int i =0；i <20；i + +）
    {
        t + =0.05f；
        px =（1.0 - t）*（1.0 - t）* x0 + 2.0 * t *（1.0 - t）
* x1 + t * t * x2；
        py =（1.0 - t）*（1.0 - t）* y0 + 2.0 * t *（1.0 - t）
* y1 + t * t * y2；
        if（（px - INT（px））* 10.0 > 5.0）
            px = px + 1.0；
        if（（py - INT（py））* 10.0 > 5.0）
            py = py + 1.0；
        调用画直线函数 DrawLine（）从画线点到点（px，py）
画直线段；
    }
}
```

4.3.3 使用2次Bezier曲线拟合甲骨文字形

4.3.3.1 Bezier曲线的拼接和连续性

在甲骨文字形轮廓拟合的过程中，需要把一段段二次Bezier曲线拼接起来，如何拼接曲线生成满意的图形，是字形轮廓拟合的过程中必须考虑的。首先，生成的图形不能变形，否则就失去了拟合的意义；其次，拟合的曲线拐点不能太多，否则生成的图形就会拐来拐去，看着很不舒服。满足这些标准的条件一是提取特征点要准确，寻找的特征点数量不能太多；二是两段曲线在连接点处达到C^1连续。

判断曲线相连时在连接点处对连续性的不同要求的标准有以下几点。

①两段曲线在连接点处首尾相连，则这两段曲线在连接点处达到C^0连续。

②两段曲线在连接点处达到C^0连续，并且切向相同，则这两段曲线在连接点处达到C^1连续。

③两段曲线在连接点处达到C^1连续，且它们的主法线方向一致且曲率相等，则称它们在连接点处达到C^2连续。

对于给定两条Bezier曲线$P(t)$和$Q(t)$的连接，相应控制点为P_i（$i=0, 1, \cdots, n$）和Q_j（$j=0, 1, \cdots, m$），如图4-3所示。

首先，要使它们达到C^0连续的充分必要条件是：$P_n = Q_0$；其次，要使它们达到C^1连续的充分必要条件是：P_{n-1}、$P_n = Q_0$、Q_1三点共线；最后，要使它们达到C^2连续的充分必要条件是：满足C^1连续的条件下，P_{n-2}，P_{n-1}，P_n，Q_0，Q_1，Q_2六点共面，并且$P(t)$在终点处P_n的曲率等于$Q(t)$在始点处Q_0的曲率。

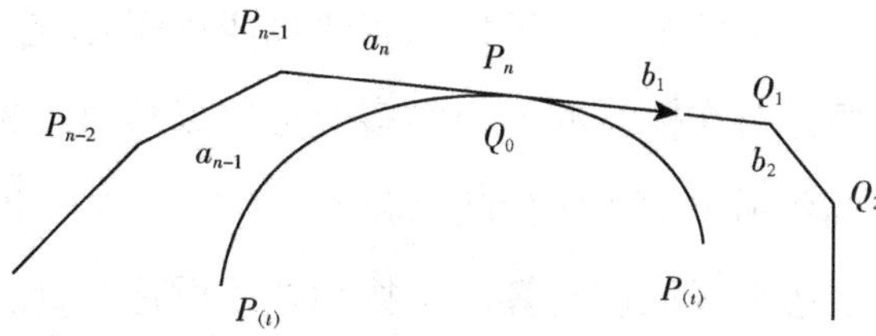

图 4－3　Bezier 曲线的拼接

甲骨文字形拟合使用提取特征点进行轮廓线的拟合，它可以满足 C^1 的条件，并可以满足 C^2 中 P_{n-2}，P_{n-1}，P_n，Q_0，Q_1，Q_2 六点共面这个条件。

4.3.3.2　甲骨文字形拟合精度的检查

如何判断已拟合的字形是否变形，主要是通过比较已拟合的各个曲线段和轮廓线上各个轮廓段的偏差量。笔者选取偏差量最大的那个点作为最大偏差点。最大偏差点就是拟合曲线上的点与轮廓线上的对应点之间距离最大的一点。对于轮廓线上两个相邻特征点 A、B 之间的轮廓段 AB，拱极点定义为轮廓段 AB 上的某一点到特征点 A、B 连线距离最大的一点。

拟合精度检查算法如下。

①对于一个给定的正的常数，如果最大偏差小于这个常数，则判断该轮廓段拟合成功；否则做步骤②。

②对该轮廓段进行分段，分段的位置是在轮廓段的拱极点处，并把该点设为特征点，并做步骤③。

③继续对分段后的各个轮廓段进行拟合，然后做步骤①。

4.3.3.3　拟合后字形的填充

拟合后字形的填充就是如何对字形进行着色。填充算法有：区域填充算法、边界标志算法、扫描线多边形区域填充算法。区域填充算法是指先将区域的一点赋予指定的颜色，然后将该颜色扩展到整个连通区域中。边界标志算法也叫种子填充算法，先用一种特殊的颜色对在帧缓冲器中的多边形每条边进行标记，然后再采用和扫描线算法类似的方法将位于多边形内的各个区段着色。扫描线多边形区域填充算法是按扫描线顺序，计算扫描线与多边形的相交区间，再使用所需的颜色显示这些区间的像素。

如何判断拟合后的字形某个区域被填充或不被填充，主要看这个区域中各个点是内部点还是外部点。TrueType 扫描线转换器利用非零绕线数规则区分字形轮廓上的内部点和外部点。绕线数不为 0 的点在字形轮廓的内部，否则这个点在字形轮廓的外部。字形的轮廓线在循环的时候，内轮廓沿逆时针方向进行旋转，外轮廓沿顺时针方向进行旋转。

判断绕线数的规则如下。

①以需要判断的点为起点画射线，方向任意。

②设置一个计数器，计数器初始值为 0。

③如果字形的轮廓线从右往左或者是从下往上穿越射线，则计数器就减 1。

④如果字形的轮廓线从左往右或者是从上往下穿越射线，则计数器就增 1。

⑤如果最终的计数不为 0，那么这个点是内部点；否则，这个点是外部点。

图 4 –4 分别举例说明内部点和外部点的判断情况，内部点所在的区域被着色，外部点所在的区域不被着色。

从图 4 –4 可知以下几点。

① p_1 和 p_4 点分别经历一次方向相反的穿越射线，它们的绕线数分别减 1 和加 1，计数器分别减 1 和加 1，即都是非零绕线数，所以它们都是内部点。

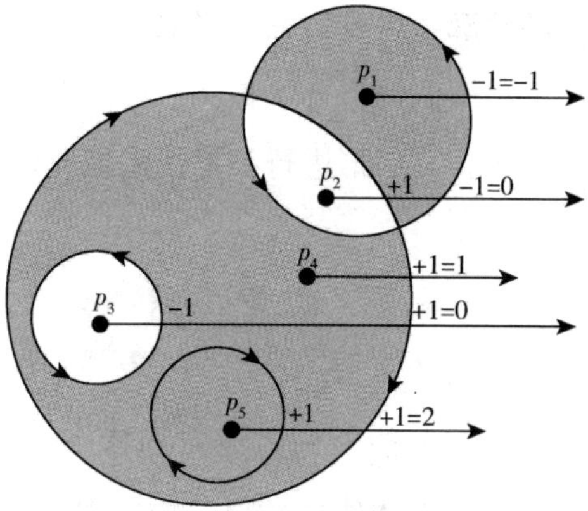

图 4-4　内部点和外部点的示例

②p_2 点经历了一次从下往上穿越射线，计数器加 1；又经历了一次从上往下穿越射线，计数器减 1，最后计数器等于 0，即是零绕线数，所以它是一个外部点。

③p_3 和 p_5 点的例子说明正确判断曲线方向的重要性。p_3 点经历了一次从上往下穿越射线后又经历了一次从下往上穿越射线，所以计数器最后等于 0，即为零绕线数，故它是一个外部点。

④p_5 点经历了两次从下往上穿越射线，它的绕线数是 2，它是一个内部点。

4.4　甲骨文曲线轮廓字形生成过程

甲骨文曲线轮廓字形生成过程包括以下 6 个步骤。

①对甲骨字形图像进行一系列数字图像处理，包括平滑图像、去除噪声点、消除图像上的污迹、标准化甲骨文字形等操作。

②从处理过的甲骨图像中分离出各个连通区域。

③分别提取各个连通区域的轮廓线，并进行轮廓线追踪。

④对追踪过的轮廓线进行特征点提取。

⑤使用二次 Bezier 曲线拟合甲骨文字形。

⑥对拟合过的甲骨文字形进行扫描线法填充。

4.5 本章小结

本章介绍了 Bezier 曲线的一些性质和特点，Bezier 曲线具备的不变形、凸包性、端点插值性和可分性，使得它非常适合用来拟合甲骨文字形。介绍了使用二次 Bezier 曲线拟合甲骨文字形以及甲骨文曲线轮廓字形的生成过程。虽然 2 次 Bezier 曲线不具备 3 次 Bezier 曲线那么强的描述字形轮廓线的能力，但 2 次 Bezier 曲线也具有 3 次 Bezier 曲线所没有的优点，它减少了控制点的数目和降低了控制曲线的复杂度，而且 TrueType 字体还通过其丰富的指令大大弥补了 2 次 Bezier 曲线描述能力的不足。

第五章　TrueType 甲骨文字库生成技术

5.1　TrueType 字体介绍

1992 年以前，在 Windows 3.1 还没有发布的时候，Windows 中使用的字体只有光栅字体和向量字体。光栅字体使用点阵来描述字形，存储量大，放大时边缘容易出现锯齿状；而向量字体采用向量描述字形的笔画路径，造成显示时笔画太细。这两种字体往往都不能满足高质量文本显示的需要。20 世纪 80 年代后期，Adobe 公司凭借其开发的 PostScript 语言和字体，在字体技术领域占据主导地位。Apple 公司和微软公司为了打破这种垄断，合作开发了 TrueType 字形技术，1991 年 3 月 Apple 公司向世界发布 TrueType 技术，开始时只有 Times Roman、Helvetica 和 Courier 三种字体，并把它引入 Mac 操作系统中；微软公司在 1992 年上半年发布 Windows 3.1 时，把它引入 Windows 操作系统，并创造了 TrueType 字体的核心装置——Times New Roman、Arial 和 Courier 字体。由于 Windows 3.1 运行在 16 位机器上，字体在使用时还存在不少缺陷。1995 年 8 月运行在 32 位机器上 Windows 95 的发布，TrueType 字形技术得以完善才变得更加可靠。现在，TrueType 字形技术已经应用到 Windows 下的绝大部分软件中，而且在 Linux 操作系统中也得到广泛的应用。

TrueType 字体采用直线和 2 次 Bezier 曲线描述字符的轮廓，字体可以任意放大、缩小，在旋转和变形时都不会影响输出质量。2 次 Bezier 曲线次数的降低减少了字体描述的复杂度，同时也保证了字体轮廓曲线的光滑性。此外，TrueType 所特有的丰富指令集弥补了 2 次 Bezier 曲线描述轮廓能力的不足，并且增强了描述字体时的灵活性。

5.2 TrueType 字体文件格式

在实际的应用过程中，常常需要制作 TrueType 字库，编写 TrueType 解释器以及对已有的 TrueType 字库进行读写操作，所有这些操作都需要对 TrueType 字体文件格式进行深入的分析研究，需要清楚 TrueType 字体文件中包含哪些表，哪些表是关键性的、必需的，哪些表是可选性的，只有这样才能对 TrueType 字体中的字形数据进行自由的存取。

下面对 TrueType 字体文件格式进行详细的解释。

1. TrueType 字体结构

因为 TrueType 字体最初是由 Apple 公司定义的，Apple 公司的操作系统是运行在 Motorola 的 CPU 上，而不是 Intel 公司的 CPU，所以 TrueType 字体中所有的数据都使用 Big-Endian 编码，即最高位字节在最前面。在 Windows 下读写时需要做相应的移位操作才能得到正确的数据值。

TrueType 字体从一个字体目录开始，该目录是其后几十个表的使用指南。字体目录包含了字体的版本号、表的个数，以及每个表的资源标记、校验和、偏移量和大小。接下来就是每个数据表，存放的数据表在读取时是不分先后次序的。字体中的每个表都保存着不同的逻辑信息——如图元数据、字符到图元的映射、字距调整信息等。有些表是字体文件必须包含的，有些表在字体文件中是可选的。表 5－1 给出了一些字体中常见的表的名称及意义。

表 5－1　　TrueType 字体中常见的表

标记	名称	描述
head	字符头	字体的全局信息
cmap	字符代码到图元的映射	把字符代码映射为图元的索引
glyf	图元数据	图元轮廓数据定义和网格调整指令
hhea	水平布局	水平布局信息：上高、下高、行间距、最大前进宽度、最小前进宽度、最小左支撑、最小右支撑等
hmtx	水平规格	前进宽度和左支撑
loca	位置表索引	把图元索引转换到图元的位置
maxp	最大需求表	字体中所需内存分配情况的汇总数据
name	命名表	版权、字体名称、字体族名、风格名等
post	PostScript 信息	所有图元的 PostScript FontInfo 目录项和 PostScript 名
OS/2	OS/2 和 Windows 特有的规格	TrueType 字体所需的规格集
kern	字距调整表	字距调整对的数组
hdmx	水平装置规格	存储标记特殊像素大小的整数宽度
cvt	控制值	指令集参考的值列表
fpgm	字体程序	包含字体第一次使用时要执行的指令
prep	控制值程序表	包含一些 TrueType 在字体、点阵、变换矩阵发生改变以及解释每个字形轮廓前被执行的指令

Windows 操作系统中每个字体文件都必须包含前十个表，Apple 公司的操作系统中可以不包含 OS/2 表。字体文件总共有几十个表，上面列举了其中常见的一些，还有一些常用的表：EBDT、

EBLC、EBSC、gasp、LTSH、PCLT、VDMX、vhea、vmtx。①

2. TureType 文件主要的表

由于 TrueType 文件主要是由树形表组织起来的，如果要成功分析 TrueType 字体文件就必须解读好这些表。下面介绍一些重要的表。

（1）head 字体头表

字体头表描述字体的全局信息，包含以下内容。

```
typedef struct
{
    Fixed   Version;    // 版本号，0x00010000 表示 1.0 版
    Fixed   fontRevision;   //字体厂商设定修订号
    ULONG   checkSumAdjustment;   //字体的校验和
    ULONG   magicNumber;   //幻数，设置为固定值 0x5F0F3CF5
    USHORT  flags; //标记，可以设置为位 0、1、2、3、4，其他均为 0
    USHORT  unitsPerEm;   //身长，有效范围在 16 和 16384 之间
    longDT  created; //字体创建的国际日期
    longDT  modified; //字体修改的国际日期
    FWord   xMin; //所有图元的边界框
    FWord   yMin; //所有图元的边界框
    FWord   xMax; //所有图元的边界框
    FWord   yMax; //所有图元的边界框
```

① 参见 https：//developer. apple. com/fonts/TrueType-Reference-Manual/。

```
    USHORT   macStyle; // 设置 1 表示粗体，0 表示斜体，2 -
15 系统保留
    USHORT   lowestRecPPEM; //
    SHORT   fontDirectionHint; //
    SHORT   indexToLocFormat; // loca 表使用的数据格式
    SHORT   glyphDataFormat; //图元格式
}   head_ struct;
```

字体的历史记录在下面三个字段中：字体版本号、字体最初创建时间和字体最后修改时间，其中 indexToLocFormat 若为 0，表示使用短整形，为 1，表示使用长整形。

因为此表包含了整个字体文件的全局信息，所以应该最先读取，最后写入。尤其是 checkSumAdjustment，在生成字库时设置为 0 并要记住它相对于字库文件起始的偏移量，在字库生成好以后用长整形对整个字库重新计算累加和。

（2）cmap 字符代码到图元索引的映射表

这个表定义了字体中的字符编码到字形索引值的映射关系。这是 TrueType 字体存取图元信息的关键。为了支持多种平台和字符编码方案，它包含若干个子表。下面是 cmap 表的结构。

```
typedef struct
{
    USHORT TableVersion; //版本号
    USHORT   NumSubTable;      //编码表数目
    submap TableHead [1];        //编码表的表头
}   Table_ cmap;
```

```
    typedef struct
{
    USHORT   Platform;     //平台标识
    USHORT   EncodingID;    //编码标识
    ULONG   TableOffset;        //实际的编码表相对于 cmap 表的偏移量
}    submap;

typedef struct
{
    USHORT format; //映射格式：可以是0，2，4，5
    USHORT length; //长度
    USHORT     version; //版本号
    BYTE     map [1]; //映射数据
}    Table_ Encode;
```

微软操作系统使用平台 ID 号为 3，如果使用 Unicode 字体，它的编码 ID 号为 1；如果使用符号字体，它的编码 ID 号为 0。现在微软操作系统中使用的繁体中文的编码 ID 号为 3，简体中文的编码 ID 号为 4。

实际的编码表的开头包括映射格式、长度、版本号以及映射数据。目前映射表有四种格式，其中微软 Unicode 编码的“cmap”子表使用的是格式 4，它是微软的标准。Windows 中使用的 TrueType 字体一般有两个编码表，一个是格式为 0 的表，它负责将 ANSI 字符映射为图元字符；另一个是格式为 4 的映射表，负责将 Unicode 字符映射为图元字符。简体中文字库的 cmap 表就包含这两个表。

（3）loca 位置表索引

loca 位置索引表是用来存储字体中图元相对于 glyf 表中开始位置的偏移量。TrueType 字体中最有用的信息是 glyf 表中的图元数据，要找到所需的图元数据，就需要一个图元位置索引表，把图元索引转换为图元数据表内的偏移量。

如果字符在字体文件中不能被发现，那么索引 0 就被定义为“缺省的字符”，这个缺省的字符通常用空白框“□”或者用空白代替。位置索引表中的每一个索引以无符号短整数或者是无符号长整数的格式存储，这由“head”表中的 indexToLocFormat 字段决定。

（4）glyf 图元数据表

glyf 表是 TrueType 字体的核心信息，通常是字体中最大的表。每个图元都是从下面的表开始的（表 5－2）。

表 5－2　　图元信息结构

类型	名称	描述
SHORT	numberOfContours	如果图元轮廓数大于或者等于 0，则是一个简单图元，否则是一个合成图元（为负值时）
FWORD	xMin	图元边界框 x 坐标的最小值
FWORD	yMin	图元边界框 y 坐标的最小值
FWORD	xMax	图元边界框 x 坐标的最大值
FWORD	yMax	图元边界框 y 坐标的最大值

对于简单图元，numberOfContours 字段中保存的是当前图元，合成图元的轮廓线的总数是基于组成该合成图元的所有简单图元的数据计算得到的。表中的后四项定义了图元的边界框。简单图元的描述由以下几部分组成：所有轮廓线结束点的索引、图元指令和一系列控制点。一个合成图元的描述始于两个无符号短整型的

值：flags 和 glyphIndex。下面是简单图元的描述信息（表 5－3）。

表 5－3　　简单图元描述信息

类型	名称	描述
USHORT	endPtsOfContours [*n*]	记录每个轮廓线最后点的数组序列，*n* 指的是轮廓数
USHORT	instructionLength	图元指令长度
BYTE	instructions [*n*]	每个图元的指令数组，n 表示指令的个数
BYTE	flags [*n*]	标记轮廓每个坐标的数组，n 是标记的个数
BYTE 或 SHORT	xCoordinates [ ]	第一个坐标同（0，0）作比较，后面的坐标和前一个坐标作比较
BYTE 或 SHORT	yCoordinates [ ]	同上

表 5－3 中的每一个 flag 都是一个单独的字节，定义如下（表 5－4）。

表 5－4　　flag 标记位含义

标记	字节	描述
On Curve	0	若设置为 1，则表示点在曲线上，否则表示不在曲线上
x-Short Vector	1	若设置为 1，表示对应的 x 坐标用一个字节存储，否则用两个
y-Short Vector	2	若设置为 1，表示对应的 y 坐标用一个字节存储，否则用两个
Repeat	3	若设置为 1，表示下一个点的 flag 和这个点的是相同的
This x is same	4	这个标记有两重含义，依赖于 x-Short Vector flag 设置
This y is same	5	这个标记有两重含义，依赖于 y-Short Vector flag 设置
Reserved	6	保留，置 0
Reserved	7	保留，置 0

（5）Windows 中其他几个必需的表

OS/2 表是一个很重要的表，它保存了 OS/2 操作系统和 Windows 操作系统所需要的特有规则。图形系统需要一种标识系统中所安装的不同字体的方法，便于应用程序在请求某种字体时，能够快速找到所需的字体。OS/2 表中保存了操作系统用于匹配用户字体需求的大量信息。

hhea 表（水平布局表）包含了字体在水平设计时所需的信息，保存了字体的上高、下高、行间距、最大前进宽度、最小前进宽度、最小左支撑、最小右支撑等水平布局信息。hmtx 表（水平规格表）保存了每个图元的水平规格信息。kern 表（字距调整表）是用来调整 TrueType 字体中图元间的距离，它可以使用 GDI 函数 GetKerningPairs 得到。maxp 表（最大需求表）用来描述字库文件读取时所需要的内存大小。name（命名表）用来给 TrueType 字体加上多种语言的字符串，这些字符串包括版权信息、字体名称、字体族名称、风格名等。

中文字体的命名表通常采用三种格式存储，如表 5 – 5 所示。

表 5 – 5　　中文字体命名表存储格式

平台编号	编码器标识	语言编号	说明
1	0	0	Macintosh 标准英语
3	1	0x0409	Windows Unicode 美国英语
3	1	0x0804	Windows Unicode 简体中文

5.3　TrueType 字形数据的存取

1. 虚拟网格

在 TrueType 字体文件中，点的位置总是在字体单元中描述的，或者称之为 FUnits。FUnits 是虚拟网格 em-square 中最小可度量的单位。字体设计是针对一个参考网格设计的，该网格被称为 em-square。这个网格实际是不存在的，是为了方便度量和定位字体而设计的，故称为虚拟网格，字体中的图元用网格中的坐标表示，如图 5 – 1 所示。

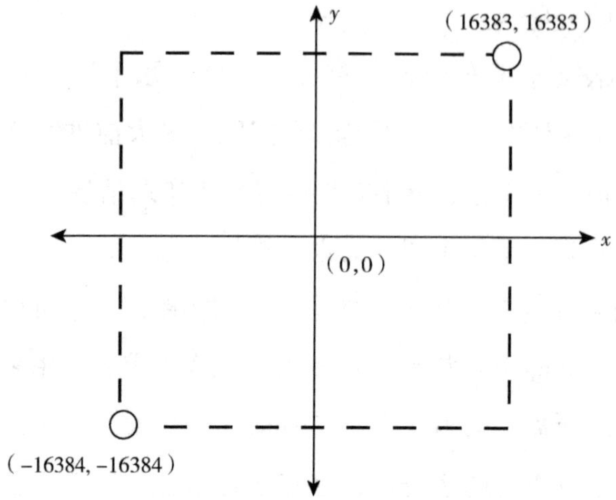

图 5-1　em-square 网格

Em-square 网格中 x 轴描述的是水平方向的移动，y 轴描述的是垂直方向的移动，x 轴正坐标向右，y 轴正坐标向上。网格的起始坐标是（0，0），字体存储的是相对坐标，第一个点的坐标是相对于坐标点（0，0）确定的，其他点的坐标是相对于前一个点变化的，每个点变化范围在 -16384 和 +16383 FUnits 之间。em-square 必须足够大能完全包含所有字体，也包括一些特殊的字体。每个 em-square 尺寸一般是字体整个字形的全部高度加上某些额外的空间，防止在排版时由于没有额外的空行而碰撞到文本线。虚拟网格 em-square 的有效值是从 16 到 16384，坐标网格间隔的单位常常选择 2 的幂，这样做是为了达到最快的轮廓换算速度。

2. 图元存取

TrueType 字体内的基本信息是图元描述集，可以缩放为任意分辨率，把光栅位图转换成图元位图。不同代码页的字符一般先映射到 UNICODE，然后再映射到图元索引中。TrueType 字体中的图元是用 2 次 Bezier 曲线描述的。当用图元轮廓显示字体时，图元轮廓会被转换为合适的大小和角度，通过调整曲线，然后再转换成位图。

图元可以包含一条或多条轮廓线。例如，字母 Q 包含两条轮廓线，一条是内部的轮廓，另一条是外部的轮廓，字母 M 只包含一条轮廓线。对于每条轮廓线，endPts Of Contours 数组保存了它终点的索引，从该索引就可以计算出轮廓线上点的数量。由以下算式可以得到轮廓上所有点的个数：

numberOfPts = endPtsOfContours [numberOfContours - 1]

而每条轮廓线上点的个数为：

PtsOfContour = endPtsOfContours [i] - endPtsOfContours [i - 1], $1 \leqslant i < n$，n 代表轮廓线数。

从 glfy 表（图元数据表）中简单图元的描述信息可以看出图元的控制点保存在三个数组中：标志数组、x 坐标数组和 y 坐标数组。标志数组中保存了每个坐标的编码信息以及其他一些信息，解码了标志数组就能解释 x 和 y 坐标数组。从 glfy 表中的 flag 表可以看出，如果 On Curve 位设置为 1，表示控制点在曲线上；如果 On Curve 设置为 0，表示不在曲线上。2 次 Bezier 曲线是用三个点定义的，其中两个是控制点，另一个是导引点，控制点在曲线上，导引点在曲线外。在 TrueType 中，存在着多个连续的不在曲线上的点，这不是用来定义 3 次或更高次的 Bezier 曲线的，而是为了减少控制点的个数。在曲线绘制过程中，常常使用在每两个不在曲线上的点之间加入一个额外的在曲线上点的办法来简化轮廓线的生成。

解码图元的描述实际上是一个两次扫描的过程。首先，遍历标志数组得到它的末尾和 x 坐标数组的长度，从中得到 x 和 y 坐标数组的起始点。然后再遍历所有轮廓线，解码其中的所有控制点，把它们的相对坐标转化为绝对坐标，然后把它加入曲线对象中。

3. TrueType 指令系统

图元指令是指每一个图元的定义中附加有一个指令序列。TrueType 字体文件中可以有图元指令，也可以没有图元指令，没有图元指令的字形只适用于高分辨率的设备，对于低分辨率的设备，不是很有用。因为在低分辨率的设备得到这种字形时，往往存在着笔画粗细不一、笔画间粘连严重、字符特征有一定的损失、笔画断裂等现象，当点阵较小时，情况更糟糕。

图元指令用来控制图元的网格调整，图元指令引用控制表中的值，以保证在索引图元时这些值保持一致。在对字形进行图元指令控制时，首先需要对字形进行分析，找出字形的特点，如字母 o 和 y 的特征就不相同，然后根据它们的特点使用图元指令控制图元轮廓从 em-square 到光栅网格的缩放，从而在低分辨率的设备上输出时，保证了字形的质量。

4. 字形存取

TrueType 字体是使用 Apple 公司 Macintosh 的轮廓字体资源的格式编码的，有一个唯一的标识名“nfnt”。在存取字形数据时，首先要建立一个 TrueType 格式的临时文件，然后按 TrueType 文件的读写顺序依次解读各个主要的表格，再读入某个字形的轮廓数据，并使用字形编辑器根据 TrueType 规范进行解释、修改，最后转换为 TrueType 格式的文件保存起来。

通过以上的分析，基本上清楚了 TrueType 文件的基本格式，TrueType 文件关键表的读写顺序，TrueType 的指令系统，等等，在此基础上，笔者编写了 TrueType 字形解释器，TrueType 字库读写程序，成功地实现了对 TrueType 字体中的字形数据进行读写，把拟合得到的甲骨文曲线轮廓数据转化为 TrueType 字体文件格式保存起来，最后形成 TrueType 字体文件格式的甲骨文字形库。

5.4 本章小结

TrueType 字形技术由 Apple 公司和微软公司合作开发。目前，TrueType 字形技术已广泛应用到 Windows、Linux 操作系统中。TrueType 采用直线和二次 Bezier 曲线描述字符的轮廓，字形在放大、缩小、旋转和变形时都不会影响输出质量。二次 Bezier 曲线次数的降低减少了字体描述的复杂度，同时也保证了字体轮廓曲线的光滑性。本章介绍了 TrueType 字体文件格式，TrueType 字体文件中常见的数据表有 head、cmap、glyf、hhea、hmtx、loca、maxp、name、post、OS/2、kern、hdmx、cvt、fpgm、prep，还有一些常用的表如：EBDT、EBLC、EBSC、gasp、LTSH、PCLT、VDMX、vhea、vmtx。TrueType 具有丰富的指令集，弥补了二次 Bezier 曲线轮廓描述能力的不足，增强了描述字体时的灵活性。在存取字形数据时，需要先建立一个 TrueType 格式的临时文件，然后依次解读 TrueType 文件各个主要的表格，再读入某个字形的轮廓数据，并使用字形编辑器根据 TrueType 规范进行解释、修改，最后可转换为 TrueType 格式的文件保存。

第六章　曲线轮廓甲骨文字形应用实例

6.1　系统简介

本系统是使用 Dell Precision 330 工作站，在 Windows 2000 操作系统下利用 C ++ 实现的。

1. 该系统的主要功能

①可以打开任何 TrueType 字体文件，修改其中的字体、保存并注册到系统中。

②可以对输入的图像进行预处理，包括消除图像边缘的锯齿，除去图像中较小的污迹，对图形边界进行规整等操作。

③可以通过移动控制点、导引点修改字形的形状。

④命名表编辑功能可定义和修改字体在系统中的编号、标示符、文件名。

⑤方便的字体查找功能，能够快速定位所需查找字体的位置。

⑥能放大、缩小所编辑的字体，更清楚地显示编辑的效果。

⑦生成的字体能够像系统中自带字体一样，任意放大、缩小、变形以及任意角度旋转。

2. 系统界面

系统界面主要包括两部分：系统初始界面和对图像进行前期处理部分界面。

（1）系统初始界面

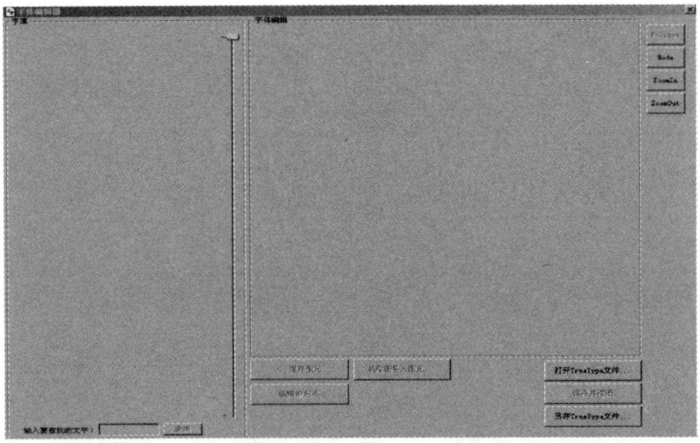

图 6－1　系统初始界面

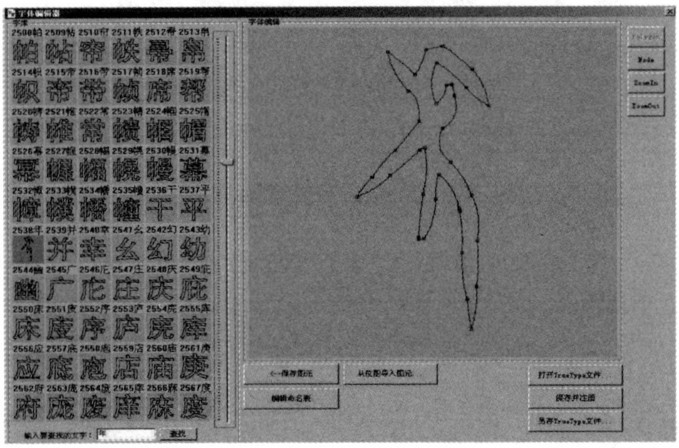

图 6－2　读入 TrueType 字体文件后的界面

如图 6－1 所示，系统界面左边“字库”所在的区域用来显示字库文件，系统界面的右边“字体编辑”所在区域是对单个字形进行操作的平台。“字库”显示区域包括显示字库中的所有字体、在字库中查找所需的文字两项功能。“字库编辑”部分包括打开 TrueType 字体文件、保存并向系统注册 TrueType 字体文件、另存为其他文件、导入位图文件、向字库保存处理过的位图、编辑命名表、对编辑的字体放大缩小展示、容许对编辑的字形进行修改操作等功能。

系统开始运行时，大部分功能键是灰色的，不允许使用，只有在读入一个 TrueType 格式文件后，所有的功能键才能使用。图 6－2 显示的是读入一个 TrueType 字体文件后的界面。

（2）对图像进行前期处理部分界面

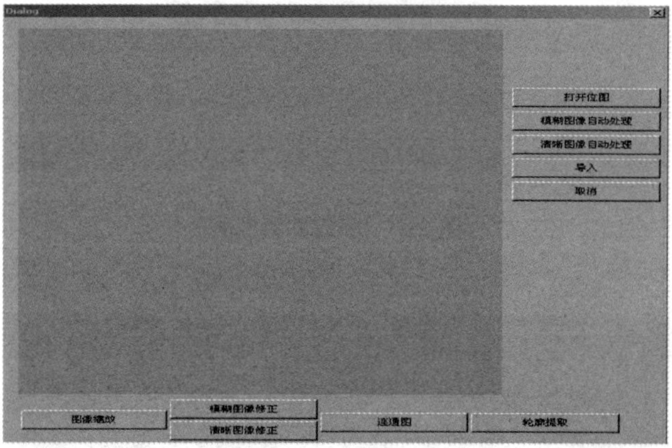

图 6－3　图像前期处理部分界面

点击系统主界面中的“从位图导入图元”按钮，就会出现如图 6－3 所示的画面。该部分主要对输入的图像进行前期处理，系统针对输入图像的质量分为两种情况进行处理。①模糊图像自动处理部分。包括图像缩放、模糊图像修正、标记连通图、轮廓提取四部分，其中模糊图像修正部分是对图像进行二值化、过滤、平滑、锐化等操作。②清晰图像自动处理部分。包括图像缩放、清晰图像修正、标记连通图、轮廓提取四部分，其中清晰图像修正部分是对图像进行二值化、平滑操作。这两部分也可以分步进行操作，如图 6－3 的最下面一排按钮所示，依次点击这些按钮就可以完成与自动处理相同的功能。

完成了对图像的预处理之后，点击“导入”按钮把图像传送到“字体编辑”中，同时，系统自动完成了以下几个功能：对图像进行特征点提取操作，求导引点操作，使用二次 Bezier 曲线拟合字形，拟合精度检查，等等。这时，如果对生成的字形有不满意的地方，可以通过移动特征点、导引点进行修改。修改完毕，点击“保存图元”按钮或点击字库中的其他任意一个字形，都可以把修改后的字形存入字库。

编辑完所有字形之后，点击“保存并注册”按钮向操作系统注册该字库，并保存到操作系统中。这样，该字库就可以像操作系统中自带字库一样自由使用了。

6.2 系统生成的甲骨文字形应用实例

图 6 – 4 至图 6 – 6 是使用本系统生成的甲骨文曲线轮廓字形应用实例。图 6 – 4 是生成的甲骨文字形竖排版时放大、缩小的展示。图 6 – 5 是生成的甲骨文字形横排版时的放大、缩小的展示。图 6 – 6 是生成的甲骨文字形变形展示。

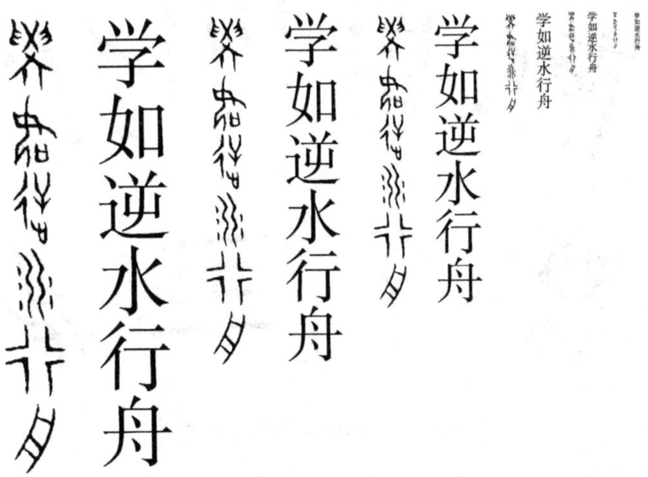

图 6 – 4 甲骨文字形竖排版时的放大、缩小

图 6-5　生成的甲骨文字形横排版时的放大、缩小

图 6-6　生成的甲骨文字形变形

6.3 本章小结

本章介绍了一个甲骨文字形处理系统，该系统采用二次 Bezier 曲线拟合甲骨文字形，生成曲线轮廓字形，并生成 TrueType 格式字库。本章介绍了系统的基本情况，并展示了系统生成的甲骨文字形实例。

第七章　字形技术和汉字编码

自1899年金石学家王懿荣发现甲骨文，至今已经有一百多年的历史了，甲骨文以其自身独特的魅力引起了众多学者的研究兴趣，现在已发展成为一门与历史学、考古学、文字学、文献学等学科有密切关系的学科——甲骨学。根据目前不完全统计，一百多年来，殷墟出土的甲骨原片，至少在15万片以上，各种著录甲骨文的专书和论著180多种，先后从事甲骨文研究的中外学者400多人，共发表和出版有关甲骨文资料和研究文献5000余种（篇）（陈炜湛，2001）。这些著录书籍对于甲骨文的研究、传播起了很大作用。面对如此丰富的甲骨文资料，怎样加以充分、合理的利用是一个需要解决的问题。目前，在有关甲骨文的印刷出版物中，很多地方要用到甲骨文字形，通常的解决办法是手工摹写或直接用扫描的甲骨文图片。这既给排版带来了很多不便，也不利于信息的检索。面对这种状况，亟须将甲骨文字形图片转换为计算机可以识别和处理的字形并建立甲骨文字库，来改变目前的这种不利局面。可以说，在甲骨文信息化处理的过程中，建立甲骨文字库是一个基础和核心的问题，甲骨文字库的建设迫在眉睫。

甲骨文字库建立起来以后，设计一种输入法程序将甲骨文字形从字库中调出来，也是一个需要解决的问题。由于甲骨文年代久远、构形复杂，对于甲骨文无论是在音或是义上人们都很难完全把握，所以，对甲骨文输入法的研究具有很大的难度。目前的甲骨文输入法存在记忆复杂，输入效率低等缺点，亟须研制一种简便、有效的甲骨文输入方法。

文字是一个民族文化的重要组成部分，是人们交流思想的重要媒介。文字有其特定的形状并具有特定的含义，这种特定文字的特定的形状称为字形。字形这个概念最早是在印刷行业中提出来的，今天，字形技术在电子出版领域中使用最多。计算机把字形（字稿）转化为计算机能识别的数据，这个过程称为数字化。字形技术主要包括字形数据的产生和压缩及字形的还原技术。还原技术主要是还原算法的质量，要求还原速度快、还原质量好。

字形技术的发展经历了点阵字形、矢量字形、曲线轮廓字形三个阶段。低分辨率的点阵字形变化能力差，不能满足不同字体的要求，显示效果也不很理想；高分辨率的点阵字形占用空间大，当字形放大超过原来字模大小时字的边缘有锯齿出现。矢量字形在字库文件中以结点坐标的形式存放，笔画太细，在较高的放大倍数下字形有一定的失真。曲线轮廓字形采用直线或者二次、三次 Bezier 曲线来描述字形的轮廓，这种字形还原时能够真实地再现原来字形的风格，缩放时无锯齿出现，是国际上事实的工业标准。目前常用于描述汉字轮廓的曲线是 Bezier 曲线和 B-样条曲线，它们具有一系列优良的性质，构成了字形产业的基础。目前，在国内外占主导地位的是 TrueType 和 PostScript 为代表的曲线轮廓技术。

7.1 曲线轮廓字形技术

7.1.1 PostScript 字形技术

PostScript 字形采用美国 Adobe 公司于 1985 年发明的 PostScript 语言，它是一种页面描述语言（PDL），具有丰富的图形功能、高质量的字模和页式描述的设备无关性等优点，在 20 世纪 90 年代初开始成为事实上的工业标准。

在 PostScript（简称 PS）中，文字是用图形方式描述的，PS 中的图形操作符可以描述任意大小和方向的直线、曲线，以不同灰度和色彩进行描述和填充，还可以进行平移、旋转、变比。在 PS 中的西文字库就是采用直线和 3 次 Bezier 曲线（包括二次）进行轮廓描述的，并带有提示（hinting）信息以确保字形还原的质量。由于采用了轮廓曲线技术，因而在字形放大时就不会出现矢量字形中存在的割线现象，大大提高了字形质量。Hinting 技术的采用还能够保证小字的还原质量。

7.1.2 TureType 字形技术

TrueType 字形技术是美国 Apple 公司与微软公司合作开发的 PDL（Page Description Language）语言 TrueImage 中的字形描述部分。TrueType 集中了包括 PostScript 字形制造商在内的所有字形制造商的字形制造经验，具有十分显著的特点。TrueType 字形（简称 TTF）采用直线和二次 B－样条（Bézier-Spline）曲线来描述字符的轮廓，克服了以往所有点阵字形、矢量字形和向量轮廓字形的缺点，具有明显的优越性。与 PostScript 字形相比，曲线方程次数降低，在保证轮廓曲线光滑顺畅的前提下，减少了数据量，提高了字形还原的速度。另外，TrueType 所特有的丰富的指令集，不仅弥补了 TTF 二次曲线描述字符轮廓的不足，而且增强了 TTF 字形描述的灵活性。如果要提高字形质量，可以通过数据信息来实现，也可以通过增加指令来实现。

7.1.3　OpenType 字形技术

1996 年 5 月微软和 Adobe 公司联合推出了一种新的通用字形格式——OpenType 字形，这种字形集成了 TrueType 和 PostScript（Type1）两种字形描述技术。OpenType 将以一种标准机制在 Internet 的 HTML 文本中嵌入字形信息。同时，OpenType 字形还提供流线字形管理、丰富的格式参数，包括字形嵌入式的集成 Internet 出版环境和基于 Internet 的应用管理。与以前的专有字形嵌入技术不同，OpenType 是一个开放、无版权的字形描述技术。在微软已公布的 Windows 2000 操作系统中已经采用了 OpenType 字形技术。

7.2　甲骨文字形的数字化拟合技术

将甲骨文点阵字形转化为曲线轮廓字形，实现甲骨文字形的数字化，首先面临的问题是选择何种字形描述技术。

在甲骨文字形拟合方面，郑芳林（1993）采取三次 B－样条曲线来拟合还原甲骨文字符，开发了一个造字系统。在 MS-DOS 环境下，该系统可以对包括 ASCII 字符、现代汉字和甲骨文字形进行处理。但是，这种曲线拟合方法与 Windows 环境下的 TrueType 字形描述方法有所不同，二者不能相互兼容。肖明、赵慧、甘仲惟（2003）利用 HIGH-LOGIC 公司的 TrueType 曲线轮廓造字软件，按照直线和二次 B－样条曲线拟合算法，自动将扫描的点阵图形抽成尽可能接近原稿的数字化信息（曲线轮廓），生成一个独立的可运行于 Windows、Linux 环境下的 TTF 格式字库。但是，HIGH-LOGIC 公司的 TrueType 曲线轮廓造字软件主要是针对只有较少字符的西方文字设计的，对数目巨大的中文字库支持还存在许多局限，如存在生成字形速度不快，生成的字形容易变形等缺点。李胜明、谭支鹏（2003）采用 3 次 B－样条曲线拟合还原字符轮廓技术对甲骨文字形进行处理。但这种方法无法对甲骨文字形进行前期预处理。马小虎、黄文帆等（2004）开发出了一个针对甲骨文字形特点的字形处理系统。在算法上，该系统采取顺序对曲线上的每个点与它左右两边相邻点的夹角求平均值的方法，来增加特征点提取的精确度，以及使用对缓慢弯曲的较长曲线插入一个额外特征点的方法，提高了字形拟合的精度。该系统可以通过移动控制点、导引点来修改字形，对字形拟合可以进行精确的控制。不仅可以对点阵字形进行拟合，还可以对点阵字形进行适当的预处理，提高了字形质量。

7.3 汉字编码

计算机内信息的表示形式是二进制数字编码，各种类型的信息（数值、文字、声音、图像）必须转换成数字量即二进制数字编码的形式，计算机才能进行处理。由于计算机的最底层只能处理二进制代码，要利用计算机进行汉字信息处理，必须对汉字字符进行编码。汉字编码所采用的字符集先后有 GB 2312—1980，GBK，GB 18030，ISO/IEC 10646，Unicode 字符集等。

下面对几个主要的字符集进行简单的介绍。

7.3.1　GB 2312—1980 字符集

1980 年国家标准总局颁布了第一个汉字编码字符集标准，即《信息交换用汉字编码字符集——基本集》（标准号：GB 2312—1980），1981 年 5 月 1 日实施，通行于大陆，新加坡等地也使用此编码。该标准共收了 6763 个汉字及常用符号，包含了大部分常用的一、二级汉字和符号。GB 2312—1980 字符集的编码范围是高位 0xa1 - 0xfe，低位也是 0xa1—0xfe；汉字从 0xb0a1 开始，结束于 0xf7fe。GB 2312—1980 字符集将代码表分为 94 个区，对应第一字节；每个区 94 个位，对应第二字节，两个字节的值分别为区号值和位号值加 32（20H），因此也称为区位码。01—09 区为符号、数字区，16—87 区为汉字区，10—15 区、88—94 区是有待进一步标准化的空白区。

GB 2312—1980 字符集将收录的汉字分成两级：第一级是常用汉字，共 3755 个，置于 16—55 区，按汉字拼音字母/笔形顺序排列；第二级汉字是次常用字，共 3008 个，置于 56—87 区，按部首/笔画顺序排列。GB 2312—1980 字符集的编码范围为 2121H—777EH，与 ASCII 有重叠之处，解决的办法是将 GB 码两个字节的最高位设置为 1 以示区别。

GB 2312—1980 字符集最多能表示 6763 个汉字，是最基本的中文字符集。几乎所有的中文系统和国际化的软件都支持该字符集。GB 2312—1980 字符集是在国内计算机汉字信息技术发展初始阶段制定的，奠定了中文信息处理的基础。该字符集收录的汉字已经覆盖中国大陆 99.75% 的汉字使用频率，基本上满足了汉字的计算机处理需要。但是对于人名、古汉语等方面出现的罕用字，GB 2312 字符集不能处理，这导致了后来 GBK 及 GB 18030 汉字字符集的出现。

7.3.2　GBK 字符集

由于 GB 2312—1980 只收录了 6763 个汉字，有不少汉字，如部分在 GB 2312—1980 推出以后才简化的汉字（如“啰”）、部分人名用字（如朱镕基的“镕”字）、中国台湾及中国香港地区使用的繁体字、日语汉字等，并未收录在内。于是中文电脑开发商利用 GB 2312—1980 未使用的编码空间制定了 GBK 编码。

GBK 全称《汉字内码扩展规范》，该编码标准兼容 GB 2312，共收录汉字 21003 个、符号 883 个，并提供 1894 个造字码位，融简、繁体字于一库。GBK 编码范围是 0x8140—0xfefe，剔除高位 0x80 的字位。它的所有字符都可以一对一映射到 Unicode 2.0。

虽然 GBK 字符集收录的汉字数量有所增加，但是其编码方式与 Unicode 1.1 不同，仅仅是一种过渡方案。

7.3.3　GB 18030—2000 字符集

国家质量技术监督局于 2000 年推出了 GB 18030—2000 标准，以取代 GBK。GB 18030—2000 除了保留全部 GBK 编码的汉字外，还增加了大约一百个汉字及四位元组编码空间。GB 18030—2000 标准在 GBK 的基础上进一步扩展了汉字，增加了藏、蒙等少数民族的字形。该标准从根本上解决了字位不够，字形不足的问题。它有以下几个特点。

①它并没有确定所有的字形，只是规定了编码范围，留待以后扩充。

②编码是变长的，其二字节部分与 GBK 兼容；四字节部分是扩充的字形、字位，其编码范围是首字节 0x81—0xfe、二字节 0x30—0x39、三字节 0x81—0xfe、四字节 0x30—0x39。

GB 18030—2000 字符集收录了 27484 个汉字，总编码空间超过 150 万个码位，为解决人名、地名用字问题提供了方案，为汉字研究、古籍整理等领域提供了统一的信息平台基础。此外，GB 18030—2000 字符集还提供了 13 种汉字结构符和一些汉字部件，为某些尚未编码的汉字的解决提供了方案。

GB 18030—2000 字符集提供了完整、清晰、明确的代码映射表，采用 GB 18030—2000 字符集的计算机系统可以轻易地识别和处理 GB 2312 字符和 GBK 字符，降低了系统改造/升级的成本。如果未来需要采用 GB 13000—2000 字符集，则通过 GB 18030—2000 字符集的映射表可以轻松地在二者之间进行转换。GB 18030—2000 字符集通过对编码空间的扩展提供了超过 150 万个编码位置。不仅我国所有汉字都可以在这个标准里面编码，而且我国所有少数民族文字也可以在这个标准里面编码，从此不必再担心编码空间不足的问题了。

7.3.4　Big 5 字符集

Big 5 字符集是中国台湾地区使用的汉字编码字符集。除了中国台湾地区外，其他使用繁体汉字的地区，如中国香港，以及使用繁体汉字的海外华人，都普遍使用 Big 5 编码，这已经成为繁体中文显示的标准格式。

Big 5 编码是一套双字节字符集，使用了双八码储存方法，以两个字节来存放一个字。第一个字节称为“高位字节”，第二个字节称为“低位字节”。“高位字节”使用了 0x81—0xFE，“低位字节”使用了 0x40—0x7E 及 0xA1—0xFE。在 Big 5 编码的分区中作了以下划分（如表 7－1 所示）。

表 7－1　　Big 5 字符集编码分区

0x8140—0xA0FE	保留给用户自定义字符（造字区）
0xA140—0xA3BF	标点符号、希腊字母及特殊符号，包括在 0xA259—0xA261，安放了双音节度量衡单位用字：兙兛兞兝兡兣嗧瓩糎
0xA3C0—0xA3FE	保留。此区没有开放作造字区用
0xA440—0xC67E	常用汉字，先按笔画再按部首排序
0xC6A1—0xC8FE	保留给用户自定义字符（造字区）
0xC940—0xF9D5	次常用汉字，亦是先按笔画再按部首排序
0xF9D6—0xFEFE	保留给用户自定义字符（造字区）

值得留意的是，Big 5 重复地收录了两个相同的字：“兀、兀”（0xA461［U＋5140］及 0xC94A［U＋FA0C］）、“嗀、嗀”（0xDCD1［U＋55C0］及 0xDDFC［U＋FA0D］）。

7.3.5　ISO/IEC 10646 字符集

ISO/IEC 10646 字符集是一个由国际标准化组织 ISO 颁布的国际编码标准，全称为《信息技术　通用多八位编码字符集》。国际标准化组织于 1993 年发布 ISO 10646 国际字符集标准的首个版本。ISO 10646 是一个包括世界上各种语言的书面形式以及附加符号的编码体系，包括世界各地的字符以及附加符号，可广泛应用于表示、传输、交换、处理、储存、输入及显示多种文字，以提供一个共同的处理各种不同文字的基础。它与 Unicode 组织的 Unicode 编码完全兼容。ISO 10646.1 是该标准的第一部分《体系结构与基本多文种平面》。我国 1993 年以 GB 13000.1 国家标准的形式予以认可（即 GB 13000.1 等同于 ISO 10646.1）。其中的汉字部分称为“CJK 统一汉字”（C 指中国，J 指日本，K 指朝鲜）。而其中的中国部分，包括了源自中国大陆的 GB 2312、GB 12345、《现代汉语通用字表》等法定标准的汉字和符号，以及源自中国台湾的 CNS 11643 标准中第 1、2 字面（基本等同于 Big 5 编码）、第 14 字面的汉字和符号。

该标准为世界各种主要文字的字符包括繁体及简体的中文字符编订统一的内码。ISO 10646 国际编码标准提供了一套统一的字符编码标准，大大方便了世界各地的计算机用户进行电子通信及资料交换。采用该标准后，世界各地不同的计算机系统之间便能更准确地储存、处理、传递及显示各种语言文字的数据信息，从而加强了各地间数据信息的流通及推动电子交易的进行。

ISO/IEC 10646 字符集体系结构是基于所谓“多八位”。该字符集用四个“八位”来表征组、面、行、位的四维空间。整个空间包含 128 组，其中每组有 256 个平面，每个平面由 256 行、每行由 256 个字位构成。编码表现形式如下。

①四八位正则形式，记作 UCS-4。比如：汉字“一”的正则形式为 0000 4E00。

②双八位，也称为 BMP 形式，记作 UCS-2。这种形式仅适用于基本多文种平面。如“一”的双八位形式为 4E00；控制字符 ESC 为 001B。

此外还有两种变形表现形式：①UTF-8，制定它的目的是与原 8-bit 系统向下兼容；②UTF-16，制定它的目的是向上发展扩充用。目前在工业上实现的均为双八位形式 UCS-2 和 UTF-8。

7.3.6 Unicode 字符集

国际标准组织于 1984 年 4 月成立 ISO/IEC JTC1/SC2/WG2 工作组，针对各国文字、符号进行统一编码。1991 年美国跨国公司成立 Unicode Consortium，并于 1991 年 10 月与 WG2 达成协议，采用同一编码字符集。目前 Unicode 采用 16 位编码体系，其字符集内容与 ISO 10646 的 BMP（Basic Multilingual Plane）相同。目前最新的 Unicode 版本 14.0 于 2021 年 9 月发布，包含的字符总数达 144697 个，其中收录汉字和汉字符号 94283 个。

Unicode 同现在流行的代码页最显著的不同点在于，它是两字节的全编码，对于 ASCII 字符它也使用两字节表示。代码页通过高字节的取值范围来确定是 ASCII 字符还是汉字的高字节。如果发生数据损坏，某处内容被破坏，则会引起其后汉字的混乱。Unicode 则一律使用两个字节表示一个字符，最明显的好处是它简化了汉字的处理过程。

Unicode 使用平面来描述编码空间，每个平面分为 256 行，256 列，相对于两字节编码的高低两个字节。Unicode 的第一个平面称为 Basic Multilingual Plane（基本多文种平面），简称 BMP，由于 BMP 仅用两个字节表示，所以备受青睐。鉴于 Unicode 空间不足以应用，于是从 Unicode 3.1 版本开始，设立了 16 个扩展字码空间，称为辅助平面，使 Unicode 的可使用空间由 6 万多字增至约 100 万字。原有的 Unicode 空间被称为基本平面或基本多文种平面（Basic Multilingual Plane，BMP），俗称第 0 平面（Plane 0）。辅助平面字符要用上4字节来储存。

1. 基本多文种平面（BMP）

基本多文种平面A-ZONE为拼音文字编码区，拉丁文、阿拉伯文、日文的平假名及片假名等都在此区编码。CJK Extension A和CJK为汉字区域，共计27487个汉字。Y1即彝文，位于O-ZONE，保留待将来使用。Hangul即韩文。EUDC为用户私有区，用户可以根据需要自己定义此区的编码。R-ZONE为限制使用区，一些兼容字符、特殊字符均放在此区。Unicode定义BMP中的D800—DFFF为代理区（Surrogate Zone），其中D800—D8FF为高半代理（high surrogate），DC00—DFFF为低半代理（low surrogate）。从两个区域分别取一个编码，组成一个4字节的代理对来表示一个编码字符，此即为UTF-16。利用UTF-16机制，Unicode扩充了1024×1024个字符，相应于OO-OF平面，并且将02平面分配给了CJK Extension B。Microsoft在Windows 2000已实现了UTF-16。

2. 第一辅助平面（SMP）

第一辅助平面又称多文种补充平面（Supplementary Multilingual Plane，缩写SMP，或简称Plane 1），摆放拼音文字（主要为现时已不再使用的文字）和音符等符号。范围在U+10000—U+1FFFD。

3. 第二辅助平面（SIP）

第二辅助平面又称表意文字补充平面（Supplementary Ideographic Plane，缩写SIP，或简称Plane 2），范围在U+20000—U+2FFFD。整个平面配置的是一些罕用的汉字或地区的方言用字，如粤语用字及越南语的字喃。现时摆放了“中日韩统一表意文字扩展B区”，共43253个汉字，以及中日韩兼容表意文字增补（CJK Compatibility Ideographs Supplement）。预计“中日韩统一表意文字扩展C区”和“中日韩统一表意文字扩展D区”也会使用此平面。已分配和计划分配的编码区段如下。

U+20000—U+2A6DF：中日韩统一表意文字扩展B区

U+2A6E0—U+2B77F：中日韩统一表意文字扩展C区

U+2B800—U+2F7FF：中日韩统一表意文字扩展D区

U+2F800—U+2FA1F：中日韩兼容表意文字增补

4. 第三至十六辅助平面

第三辅助平面尚未使用，但计划用来摆放甲骨文、小篆、中国战国时期的文字等。计划分配的编码区段如下。

U+30000—U+317FF：甲骨文

U+32000—U+32FFF：金文

U+34000—U+368FF：小篆

第四至第十三辅助平面并未计划使用。第十四辅助平面又称特别用途补充平面（Supplementary Special-purpose Plane，SSP），摆放“语言编码标签”和“字形变换选取器”，它们都是控制字符。范围在U+E0000—U+E01FF。第十五至第十六辅助平面是私人使用区。它们的范围是U+F0000—U+FFFFD及U+100000—U+10FFFD。

7.4 甲骨文字形输入编码

在甲骨文字形实现数字化，甲骨文字库建立起来之后，随之而来的问题是，如何从甲骨文字库中调出这些字形，这就需要对甲骨文字形进行编码，解决甲骨文字形的输入问题。

李继明（1996）提出了甲骨文象形编码方案，该编码方案利用甲骨文构字部件象形的特点，利用26个英文字母以及10个数字对甲骨文字形进行编码。肖明等（1999）运用模糊数学和面向对象Petri网方法研究甲骨文的部件（字根）形成和码元的确定规则，分析甲骨文编码的效率和科学性，使用25个英文字母和7个阿拉伯数字作为码元，与甲骨文中的500多个字根相对应，实现一字一码的编码方案。肖明、赵慧、甘仲惟（2003，2004）对甲骨文象形码的编码方法也进行了研究，认为甲骨文编码的最佳码长大致接近于3。然而，象形码从甲骨文构字部件象形的角度出发对甲骨文进行编码，并没有利用音方面的属性，存在重码较多的问题。尚君（2002）通过对1056个甲骨文字头、2602个字形进行部件拆分，统计归纳出341个基本部件。在充分测查甲骨文音、形等特点的基础上，结合使用者实际需要，采取了以形码拆分为基础，以成字部件为依据的形音码结合的设计方案。但是，这种方案归纳出来的构字部件仅是基于一小部分甲骨文字形，并不全面。

7.5　本章小结

本章介绍了PostScript、TrueType、OpenType等曲线轮廓字形技术以及甲骨文数字化拟合技术。接着介绍了汉字的编码以及汉字所采用的字符集标准。最后介绍了甲骨文字形的输入法编码。

第八章　通用甲骨文字库设计

通用甲骨文字库设计是指选用出现频率高、具有代表性的甲骨文字形构成的字库。通用甲骨文字库建设的目的主要是便于甲骨文知识的传播和一般甲骨文学习者的需要。通用甲骨文字库的设计要求选择的字形具有真正的代表性，选择的标准主要有两个：一是字形相对比较规整，二是具有较高的使用频率。笔者按照建设通用甲骨文字库的标准，以《殷墟甲骨刻辞类纂》所收录字形为原始字稿，以 Unicode 这一国际标准作为甲骨文字形的内码，设计通用甲骨文字库。

8.1　字库设计若干问题研究

甲骨文字形形体复杂，一字多形现象普遍，字形数量众多，自从 1899 年在河南安阳发现甲骨文以来，仅殷墟出土的有刻辞的甲骨就有十五万片之多。关于甲骨文单字的总数，姚孝遂、肖丁（1989）编纂的《殷墟甲骨刻辞类纂》（下文简称《类纂》）出版，为准确统计甲骨文单字总数提供了很好的基础。此书列有字形总表，共列字目（含异体字合文）3673 个。沈建华、曹锦炎

（2001）参照《类纂》字形总表，重新整理甲骨文字，共得单字3986个。但是对于包括异体字在内的甲骨文字形的数量，至今尚无定论。

总的来说，甲骨文字形具有以下几个特点。

一是甲骨文字形难以区分笔画，这是它们与现代汉字最大的不同之处，即甲骨文形符不定型，形符各个变体之间呈现交叉性，它们写法近似或相同，但作用有别。

二是甲骨文异体字数量过多，有些甲骨文的异体字甚至有三百余个。

三是构成甲骨文的线条多为直线，且线条瘦劲挺直，两端尖锐，转折处往往以两条直线相接成曲折状。甲骨文刀笔镌刻带来的形体特点，便是它的随意性和不规则性，笔画疏密有致，形体变化多姿，随字异形，多数呈不规则状。

在制作字库之前，字稿的选取是一个重要问题。从国内其他古文字字库制作经验来看，古文字字库一般不用原始图片作为字稿，而是采用清晰、规整的摹本，原因是原始图片大都不清晰，有的字形甚至残缺，不符合制作字库的要求，而且使用起来极为不便。对于制作甲骨文字库来说，以选取《甲骨文合集》等甲骨文著录中的原始图片为佳。但是，这些甲骨文著录中的大多数甲骨文图片很不清晰，处理起来花费时间太多，而且使用起来也很不方便。根据建立通用甲骨文字库的要求，笔者最终选取以《类纂》所收字形作为字稿。《类纂》中的字形具有以下两个优点：一是《类纂》所摹甲骨文字形清晰、规整；二是《类纂》收录每一个甲骨文的所有字形，对每一个甲骨文字形均注明材料来源及其所处的分期，便于对比、分析。图8－1和图8－2分别给出了对应于《甲骨文合集》与《类纂》中同一字形的处理结果。

（a）《甲骨文合集·补编》第8981片　（b）放大后的“来”字　（c）二值化后的“来”字

图 8－1　对《甲骨文合集》中的字形处理结果

（a）《类纂》中册第540页　（b）二值化后的“来”字　（c）预处理后的“来”字

图 8－2　对《类纂》中的字形处理结果

甲骨文在本质上是一种未经统一规范的个人书写文字，字形的结构不固定，同一个字存在多种异写形体。资料显示，随着时间的推移，甲骨文形体在后期渐趋成熟和稳定，异体字多出现在前期。因而，在异体字的处理问题上，笔者取第五期的甲骨文字形，没有第五期字形的，则取最近期字形。

8.2　字库制作流程

甲骨文字库的制作是一项工作量较大的工程，需要较多的人力和时间，对每一个甲骨文字形需进行如下步骤的处理。

1. 数字化字稿

数字化字稿是第一步的工作，清晰、美观的字稿是获得美观的甲骨文字形、成功制作甲骨文字库的基础。在字稿选定之后，接下来的工作便是把字稿通过扫描仪输入计算机中。

2. 预处理

预处理在制作字库的过程中是一个不可缺少的环节。由于原始的字稿一般不太清晰，字稿在扫描输入计算机以后，会带有大量的噪声点，如果对这种未经处理的扫描图片直接进行数字化拟合，得到的字形是不能令人满意的。因而，在进行数字化拟合之前，还要对扫描后的图片进行适当的处理，去掉图片中的噪声点，使之位置规正、字形清晰匀称，为下一步进行数字化拟合做准备，经过预处理的图片质量明显提高。

3. 数字化拟合

扫描的甲骨文字形图像在经过了预处理之后，就可以利用甲骨文字形处理系统进行数字化拟合。在对甲骨文点阵图片进行拟合的过程中，可以对甲骨文字形进行精细的控制，在保持甲骨文字形本身的特点的同时，还应尽可能地保证字形匀称、美观（如图 8－3）。

4. 核查字形

为了保证拟合后的字形准确，需要对拟合后的字形进行核查和修整，可以通过移动控制点、导引点来修改字形，对字形拟合进行精确的控制，使之能够尽可能地准确再现原字稿的图形信息。

5. 合成字库

把所有的甲骨文字形都进行了数字化拟合以后，甲骨文点阵字形就转化成为曲线轮廓字形，将每一个甲骨文字形与 Unicode 字符集中自定义区域（Private Use Area，E000—F9FF）中的码点对应起来，一个完整的甲骨文字库就建立起来了。

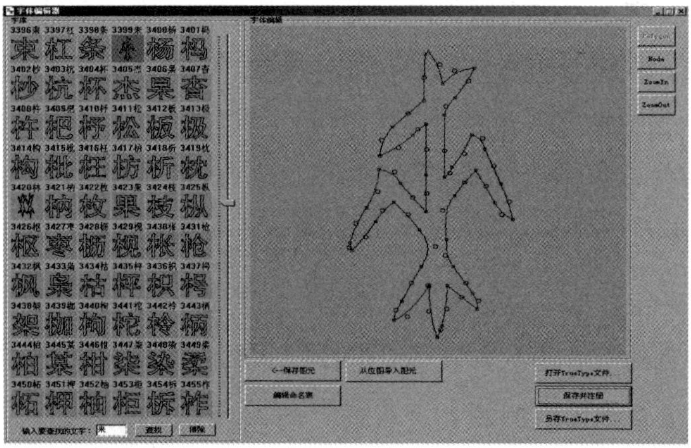

图 8-3　甲骨文点阵图形的数字化拟合

8.3　本章小结

本章介绍了通用甲骨文字库的设计原则以及字库设计过程中的若干问题，包括甲骨文字形的数量、特点，选择字形的依据等；最后，介绍了字库制作流程，包括数字化字稿、预处理、数字化拟合、核查字形、合成字库等环节。

第九章 甲骨文字形输入编码

通用甲骨文字库建立起来后，随之而来的问题是如何把字形从字库中调出来，这就需要对甲骨文字形进行输入编码。甲骨文字形的输入编码，是为了通过键盘字符把甲骨文字形输入计算机而设计的一种编码。它按照某种规则将每一个甲骨文字形和一个符号串或一个数字串对应起来，从而把甲骨文字形输入计算机中。

9.1 甲骨文字形分析

字形是指构成每一个方块汉字的二维图形。构成汉字字形的要素是笔画、笔数、字根及位置关系等。笔画是构成汉字字形的最小连笔单位。落笔处为笔画的起点，提笔处为笔画的终点。将宏观的甲骨文字形进行分解，分解后得到的部件称为字根。

9.1.1 甲骨文的笔画特征信息

笔画是构成汉字字形的最小连笔单位。甲骨文字形构形复杂，难以区分笔画，构成甲骨文的线条多为直线，线条瘦劲挺直，两端尖锐，转折处往往以两条直线相接成曲折状。由于甲骨文字形具有上述特点，笔者把甲骨文的基本笔画形式大体上分为三类：点、直、折。笔画是一个抽象的概念，因为在具体的汉字中笔画因其在字中的位置和笔画间的组合关系不同而呈现出不同的变形。这种变形或者说具体的笔画称为笔形。

甲骨文字形笔画间的组合大致可以分为以下几种形式。

①离散结构（相离），如  等。

②连接结构（相连），如  等。

③交叉结构（相交），如 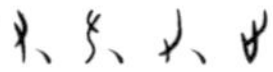 等。

④包围结构，如  等。

9.1.2 甲骨文字形的字根特征信息

1. 字根的数量

落笔和提笔及其间轨迹的点位组成笔画，笔画组成字根。字根是汉字中具有独立表意或表音能力的最小构字单位。《说文解字》曰：“独体为文，合体为字。”“文”与“字”是有区别的，现在已经统称为“文字”。古代初造汉字，或象形，或指事，囫囵一体，不可分拆，为一形、音、义单元，在文字学中称“独体字”，例如“日、木、土、上、下、牛”等。由文到字，独体字又合成了成千上万个合体字。因此，字根的基础是繁衍汉字的独体字，也包含一些非字复笔组字单元。

字根是由笔画构成的，它是汉字形体结构的基本单元。字根可按其笔画的多少，分成单结构字根（一笔形成）和复结构字根（两笔或多笔形成）。字根中有些仅有形，而无音和义，这是一种纯粹的符号单位，又称非成字字根。而有的字根构成单字，也称为成字字根，它仍保持字的“形、音、义”属性。如等。出于对甲骨文字形进行编码的需要，笔者在对甲骨文字形的特征进行分析之后，确定了563个字根。这些字根一部分是甲骨文中可以独立成字的独体字，如等。另一部分是不能独立成字，但是在甲骨文中却很常见的构字部件，如等。

通过对《类纂》中甲骨文字形进行分析和整理，笔者从中整理出563个字根，这些字根都是甲骨文中常用的组字部件，具有很高的组字频率。

2. 偏旁、部首与字根

“偏旁”与“部首”是两个不同的概念。东汉的许慎认为“独体为文，合体为字”，这是很有道理的。汉字是表意体系的文字，根据汉字的形体结构，取其相同的表意部分归类，每类称为一部，每部的第一个字就称为部首。由此可见，部首必须是能够独立存在的最基本形体，偏旁是指一个复合的文字形体的各个组成部分。“部首”可以是一个“偏旁”，但并不是任何一个“偏旁”都可以成为“部首”。

关于甲骨文部首的数量，20世纪60年代日本学者岛邦男通过分析甲骨文的形体结构，综合归纳出164个部首，并以此为纲编纂了一部甲骨文辞典——《殷墟卜辞综类》。姚孝遂、肖丁等所著的《殷墟甲骨刻辞类纂》在岛邦男《殷墟卜辞综类》部首的基础上进行了调整，归纳出149个部首，更符合甲骨文形体结构的实际。

字根与部首均源于独体字，它们之间的区别是部首组字频度较高，且分布在字的上、下、左、右明显位置。部首是为查字需要而设立的，具有很强的人为选择成分，字根为构成汉字客观存在的部件。所以，部首与字根在一般情况下互不成为子集。

9.1.3　甲骨文字形的结构特征信息

有人把字根称为形母，是对应于印欧语系的拼音字母。拼音文字以排成线性序列的字母构成一个单词，方块汉字以拼成一个平面图形的形母（字根）构成一个单字。可见由字根拼成汉字比由字母拼成文字要复杂得多。

字根构成汉字时的方式和规则称为汉字结构，也称字形结构。汉字可以看成字根在平面上的排列，每种排列可视为一种拓扑结构。拓扑结构的形式由组成字形的字根数和每个字根在平面上的位置决定，并且和字根的选择和分析方法直接相关。从数以千计的甲骨文字形结构拓扑图形中可以归纳出以下四种基本结构：独体结构：如、、、等；左右结构：如、、、等；上下结构：如、、、等；包围结构：如、、、、、等。

9.2　甲骨文输入法编码方案

理想的编码方案应该具备三个特点：易于使用，重码少，平均码长短。在编码方式上，采用以形为主、以音为辅，形音结合的方法，充分利用形音两方面的属性，提高编码的易用性。

甲骨文作为一种成熟的文字系统，是由一些构字的基本单位按照一定的规律组合成不同的汉字形体，这些构成甲骨文的基本单位称为“码元”。每个码元所对应的键盘上的字母称为“编码”。在计算机上要输入某个甲骨文字形，首先要找出构成这个字形的码元，根据码元对应键盘上的字母编码，在甲骨文输入状态下输入这几个编码，就能将甲骨文字形输入计算机中。对于少数可以见字识义的字形，直接以其现代汉字的读音作为输入码，提高编码的易用性。这就是本书所提出的甲骨文输入法编码方案的基本思想。

9.2.1　甲骨文字根与键盘分布

笔者对《殷墟甲骨刻辞类纂》所收录的甲骨文字形进行了全面的分析，整理出 563 个字根，将其分别编置在标准键盘的 26 个键位上。通用甲骨文字库中所有的字形都是由这 563 个字根组成的。

甲骨文字根可以分为两类，一类是形似英文字母的字根，比如“”“”等形似英文字母 A，“”形似字母 B，“”“”等字根形似英文字母 X，“”形似英文字母 S，“”形似英文字母“Z”，那么就把这些字根与这些英文字母相联系，放在计算机键盘相应的键位上。另一类是字形不像英文字母的字根，对于这类字根，也把它们与某一英文字母相联系，放在计算机键盘的键位上，比如把“”“”“”“”等字根与字母 K 相联系，放在计算机键盘的键位 K 上。甲骨文字根与键盘上英文字母的对应关系如表 9－1 所示。

表 9－1　　甲骨文字根与键盘上英文字母的对应关系

码元	字根
A	
B	

续表

码元	字根
C	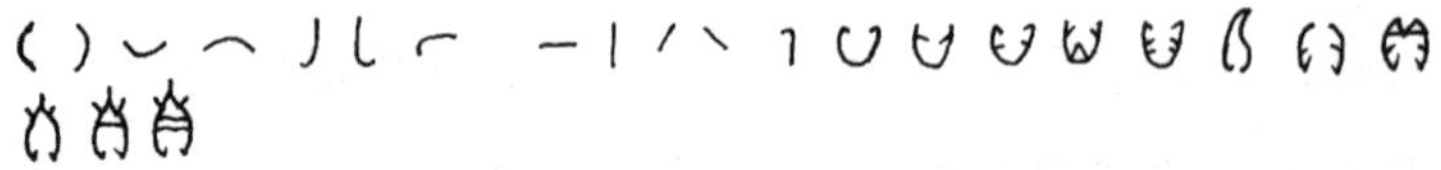
D	
E	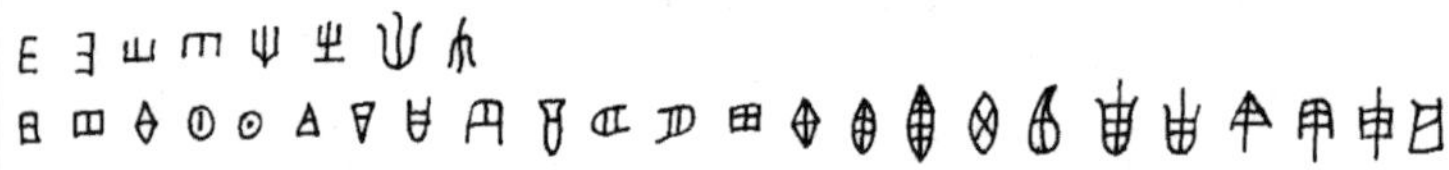
F	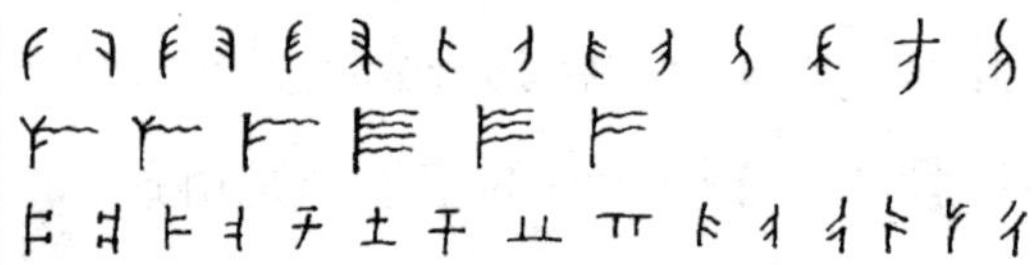
G	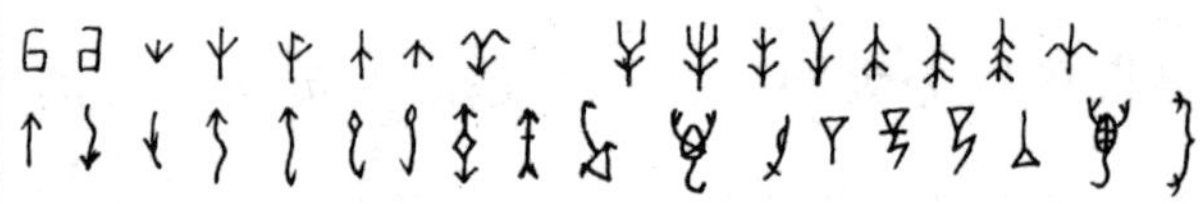
H	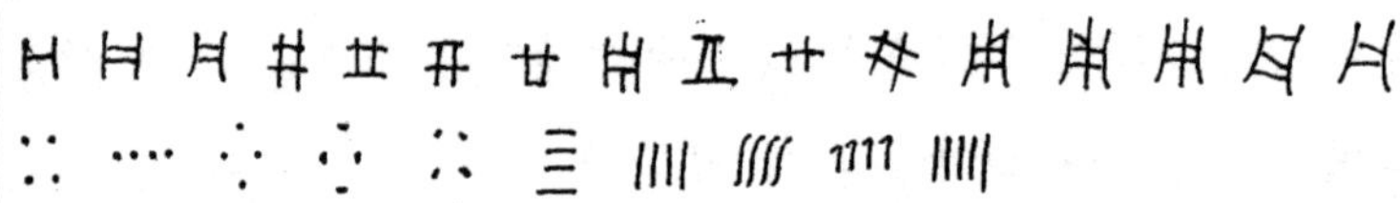
I	
J	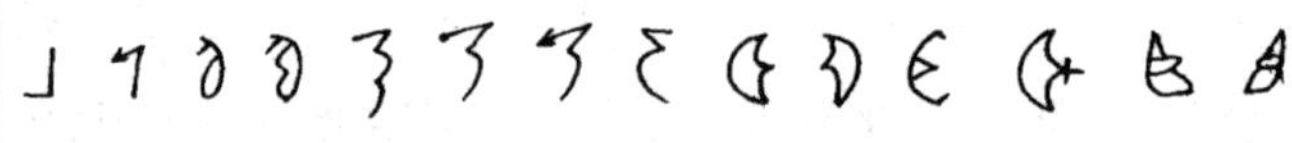
K	
L	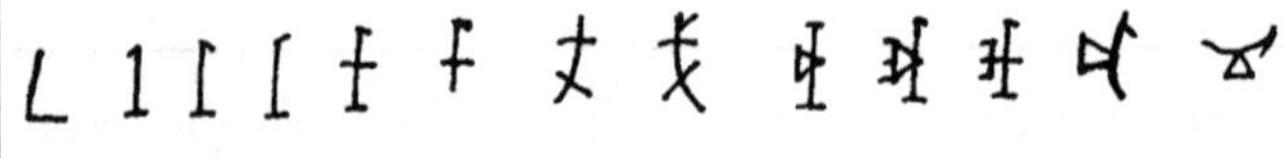
M	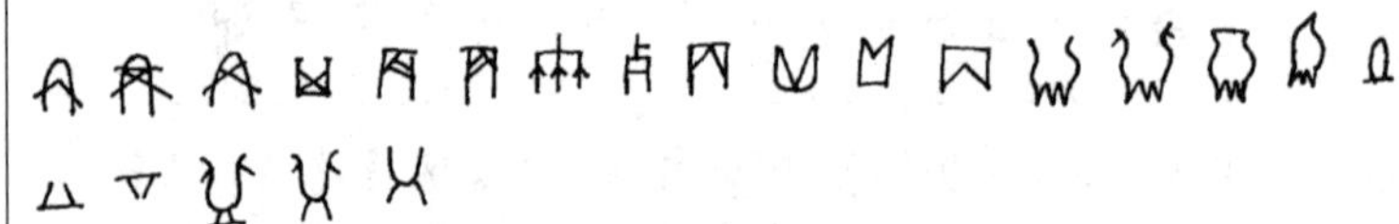

续表

码元	字根
N	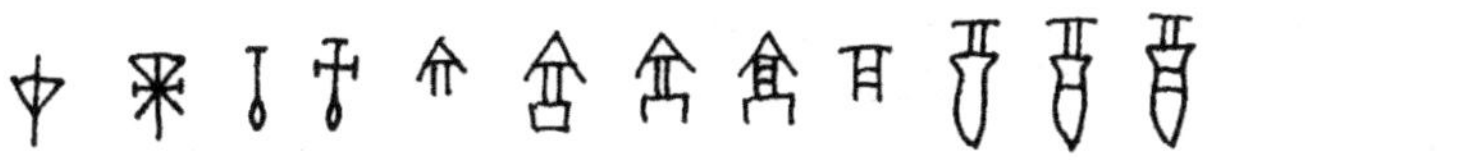
O	
P	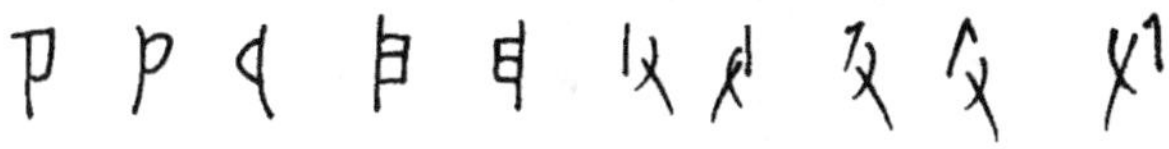
Q	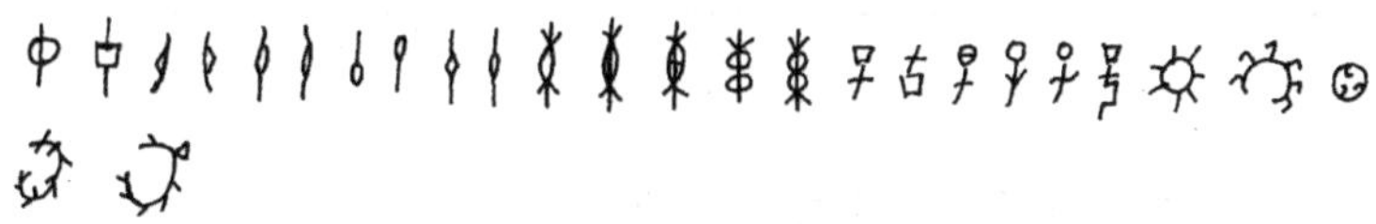
R	
S	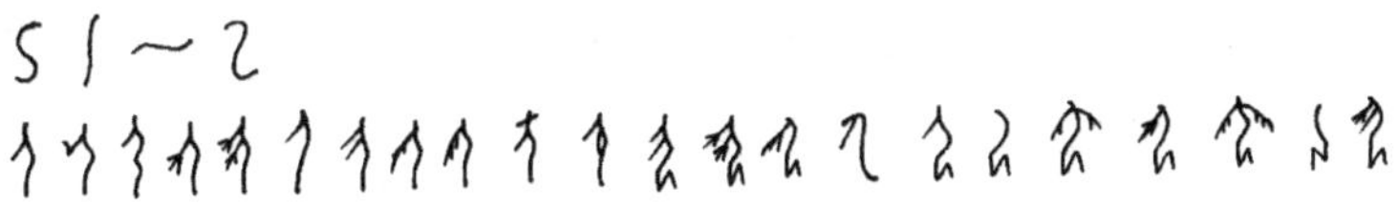
T	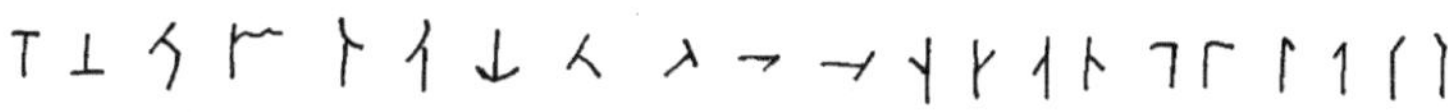
U	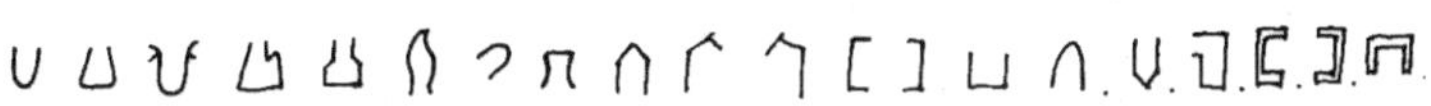
V	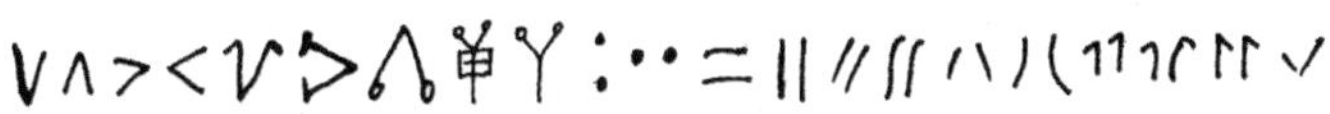
W	
X	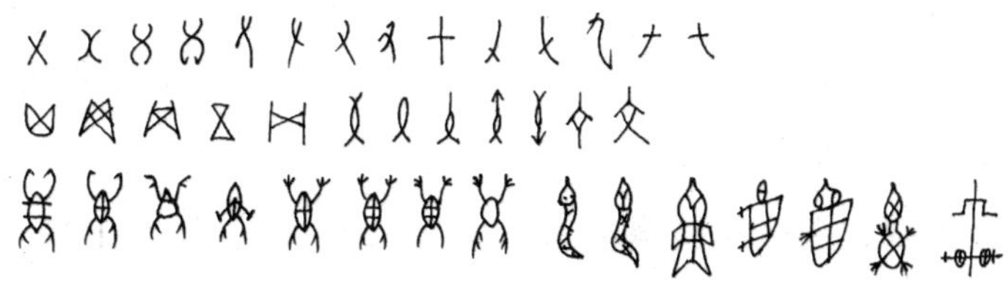

续表

码元	字根
Y	
Z	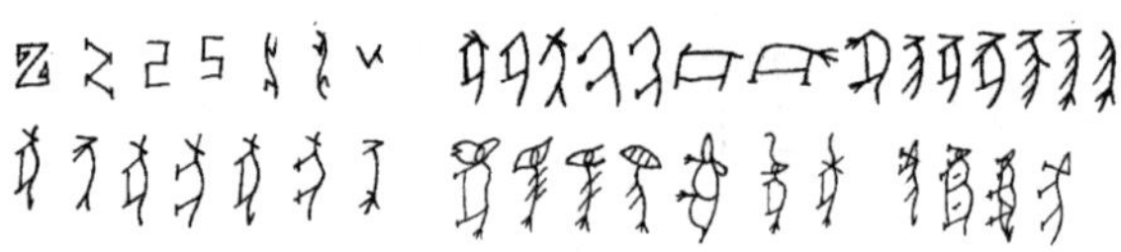

9.2.2 甲骨文拆分取码原则

甲骨文字形可以分为独体结构、左右结构、上下结构和包围结构。在取码顺序上，按照从左到右、从上到下、从外到内的顺序来对甲骨文字形进行拆分取码。

对于甲骨文字形，可以通过三种方法把字形从甲骨文字库中调出来，显示在计算机的屏幕上。

一是对于那些可以与现代汉字对应的甲骨文字形，只需要在文档中使用相应字形的甲骨文字体，就可以显示相应的甲骨文字形。这是最简便的方法，即转换的方法。

二是对于那些无法与现代汉字对应的未识字，只能通过拆分取码的方法来实现输入，即形码的方法。在对字形进行拆分取码的时候，按照从左到右、从上到下、从外到内的顺序对甲骨文字形进行拆分，取第一、二、三、末码作为字形的输入码，对于不足四码的以空格键结束。比如，甲骨文字形“”对应的键位是S键，那么从键盘输入S就可以把“”显示出来。甲骨文字形“”为左右结构，按照从左到右的顺序，可以拆分出

“”“”字根，所对应的键位是 S、I，它的输入码即为 SI，在甲骨文输入法状态下，输入 SI 就可以把字形“”显示出来。甲骨文字形“”，采用形码的方法可以拆分为“”、“”和“”3 个字根，各个字根对应的键位分别是 G、X、D，在甲骨文输入法状态下，输入 GXD 即可以把“”显示在计算机的屏幕上。甲骨文字形“”，采用形码的方法可以拆分为“”“”“”“”4 个字根，这四个字根所对应的键位是 X、X、Q、P，在甲骨文输入法状态下，输入 XXQP，就可以把“”显示在计算机的屏幕上。

三是对于那些可以和现代汉字对应的甲骨文字形，还可以使用拼音的方法取码，即音码的方法。比如，甲骨文字形“”，与现代汉字“人”对应，它的读音是“rén”，输入 REN 就可以把“”显示出来。甲骨文字形“”与现代汉字“书”对应，读音是“Shū”，输入 SHU 就可以把“”显示在计算机的屏幕上。

9.3　本章小结

本章分析了甲骨文字形的特点，包括甲骨文字形特征信息、甲骨文字根特征信息、甲骨文结构特征信息。根据甲骨文字形特征，拆分出 563 个基本字根，将这些字根与键盘上的字母联系起来，设计出简便有效的甲骨文输入方法，可以通过三种途径输入甲骨文字形：转换、拆分、拼音，解决了甲骨文字形的编码输入问题。

第十章　甲骨文输入法的设计与实现

甲骨文作为古文字的一种，目前的输入主要借助于键盘编码输入的方法。为了实现计算机汉字输入、存储、加工和输出，需要采用多种代码来分别表示汉字。根据用途的不同，汉字编码所产生的汉字代码有汉字输入码、汉字内部码、汉字交换码、汉字字形码、汉字地址码、汉字控制功能码等 6 大类。图 10 – 1 表示了汉字代码在信息处理系统中的典型分布情况。

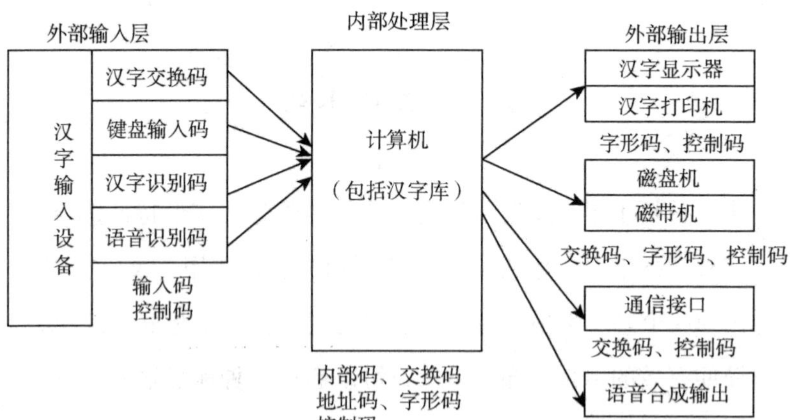

图 10 –1　汉字代码在信息处理系统中的分布

10.1　甲骨文输入系统模型

汉字输入系统模型可运用于甲骨文的输入。甲骨文字形的内码采用 Unicode 4.1.0 字符集标准，甲骨文字形的外码是甲骨文的输入码和甲骨文字形的输出形式。甲骨文曲线轮廓字形实质上就是一个图形符号，由于甲骨文字形数量众多，无法一一成键，所以只能对甲骨文字形进行输入编码，输入甲骨文字形的输入码后，在计算机中存储为甲骨文字形的机内码，在显示器上以曲线轮廓字形的形式显示。对于甲骨文输入系统，甲骨文输入的基本思想就是将一种外部的甲骨文输入代码转换成便于系统加工处理的内部代码。图 10－2 是甲骨文键盘输入过程示意。

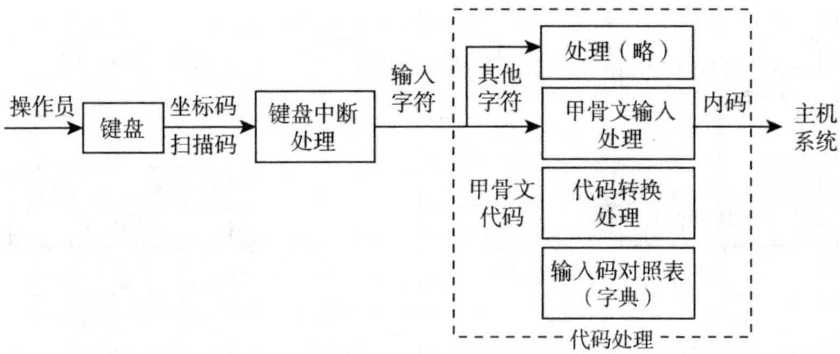

图 10－2　甲骨文键盘输入过程示意

当汉字输入程序接收到一个汉字的输入码之后，必须把它转换成内码再送至主机系统，这一转换工作称为“译码”。实现输入码到内码的转换通常有如下两种方法：计算法和查表法。若输入码和内码之间可以通过某种算式描述时，常用计算法求内码。例如，用变形国标码作内码，区位码作输入码，则有“内码＝区位码＋A0A0H”的关系。但是，绝大多数编码方案产生的输入码与汉字内码之间无简单的对应关系，因此，需要采用查表法来实现转换。查表法要求事先建立输入码和内码对照表，这样的对照表称为码表。输入过程中用键入的汉字输入码与码表中的输入码进行比较，两者一致即可从码表中取出对应的汉字内码，完成汉字输入代码的转换。由此可见，码表是转换的依据，它的结构影响着转换程序的编制方法、程序执行速度及程序的复杂性。图 10－3 是汉字代码转换过程示意。

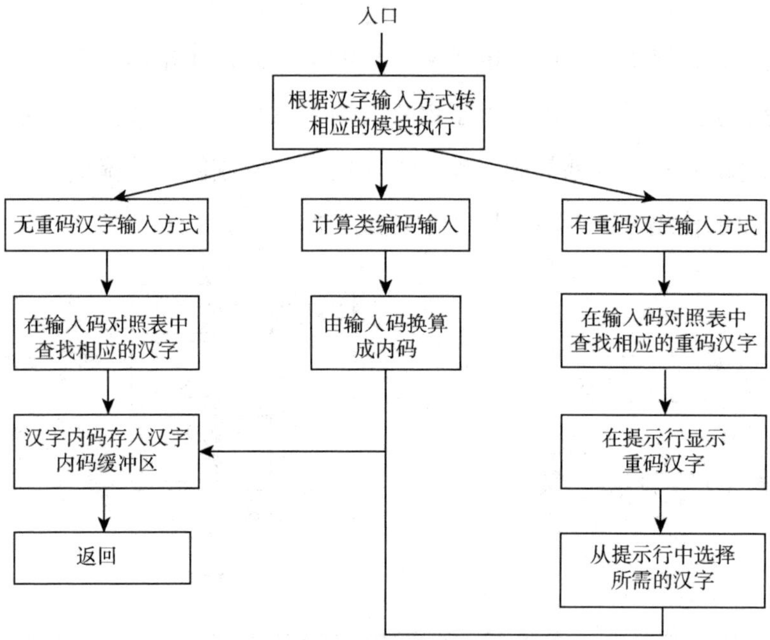

图 10－3　汉字代码转换过程示意

10.2　码表的制作

按照甲骨文输入法编码方案和甲骨文字形输入系统模型，从形和音的角度，笔者制作了两张码表，分别是字形码表和拼音码表，从而可以使输入法程序通过字形和拼音输入甲骨文字形。

```
B    1273    1301    1908    3001    3148    3527
BA   0461    0833    3004
BAA  1274    1275
BAAX    1299
BAD  3203
BAGD    0727
BAHG    1304
BB   3158    3161
BBDX    2794
BBGP    3170
BBK 3166
BBKK    3168
BBVA    0774
BBW 3162
BC   1290
BD   0505    1280    1909    3180
BBD  0556
BDF  0351    3181
BEDX    1281
BEGG    2965
BET  1292
BF   2995    3156
BFMB    3050
BG   3213
BGG  3183
BGHD    3003
```

图 10－4　甲骨文字形码表示例

```
CAI  0915    0916    1409    1889    3332
CE   2935
CENG    2202
CHANG   0037
CHAO    1394
CHE  3145
CHEN    0651    1165    1168
CHENG   0239    0368    1272    2440    2706
CHI  1226    2237
CHONG   2704
CHOU    0318    0701
CHU  0805    1427    1952    2965
CHUAN   1308    1309    1310    2956
CHUI    0343    1469
CHUN    1436
CI   0839    3002
CONG    0066
CUI  1732
```

图 10－5　甲骨文拼音码表示例

码表的格式如下：［字母序列］Tab 键 ［数字序列］。

字母序列表示甲骨文字形的输入法编码，数字序列表示通用甲骨文字库中的字形序号，字母序列和数字序列之间用 Tab 键隔开。图 10－4 和图 10－5 分别是从字形码表和拼音码表中选取的部分码表示例。

甲骨文码表制作出来以后，输入法程序就可以根据输入编码与字库中字形序号的对照表查找与输入码对应的甲骨文字形。以下是从输入编码到甲骨文机内码的 C 语言算法描述。

```
int PASCAL Engine (
                    LPCOMPOSITIONSTRING    lpCompStr, //组合字符串指针
                    LPCANDIDATELIST        lpCandList, //列表窗指针
                    LPPRIVCONTEXT          lpImcP,
                    LPINPUTCONTEXT         lpIMC, //输入法上下文指针
                    WORD                   wCharCode) //输入编码序列
{
BIANMA *pmb;
    if (sImeL.dwRegImeIndex == INDEX_JIAGUZX)
        pmb = zxmb; //如果是甲骨文字形输入状态，则打开字形码表
    else if (sImeL.dwRegImeIndex == INDEX_JIAGUPY)
        pmb = pymb; //如果是甲骨文拼音输入状态，则打开拼
```

音码表

```
TCHAR CurrentSeq [100];
_ tcsncpy (CurrentSeq, lpImcP - > bSeq, lpCompStr - > dwCursor-
Pos);
    CurrentSeq [lpCompStr - > dwCursorPos] = 0;
    lpCandList - > dwCount = 0;
    for (int i =0; i < MAX_ MB_ LENGTH; i + +) //在打开的
码表中查找机内码为 wCharCode 的图形
    {
        if (pmb [i] . Code [0] = = 0)
          break;

        if (_ tcscmp (CurrentSeq, pmb [i] . Code) = = 0)
         {
          int kkk = 0;
          while (pmb [i] . Char [kkk] ! = 0)
           {
              AddCodeIntoCand1 (lpCandList, pmb [i] . Char
[kkk]); //将找到的甲骨文字符放入候选列表中
              kkk + +;
          }
        }
    }

    return (0);
}
```

10.3　实验结果

笔者在 Dell Precision 330 工作站上，利用 Visual C++成功地开发出了甲骨文输入法程序，通过该程序可以把通用甲骨文字库中的任一字形方便地显示在计算机的屏幕上，如图 10－6、图 10－7、图 10－8 所示。图 10－9、图 10－10、图 10－11 是甲骨文字形与对应现代汉字放大、缩小的比较。

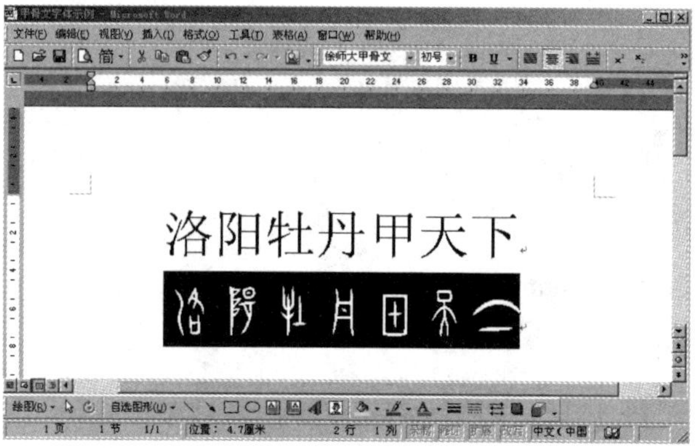

图 10－6　甲骨文字体示例

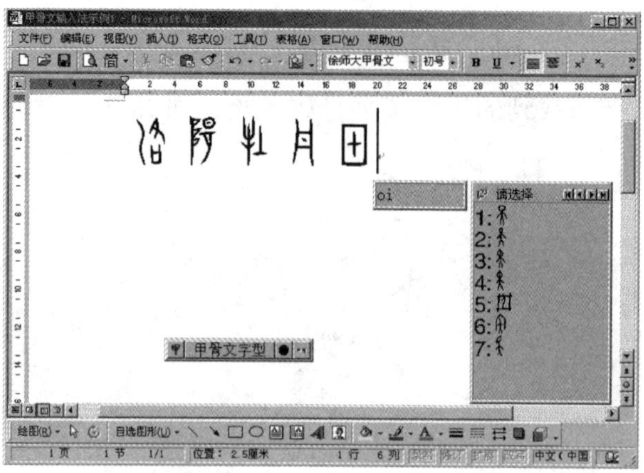

图 10－7　甲骨文字形状态下输入甲骨文字形的示例

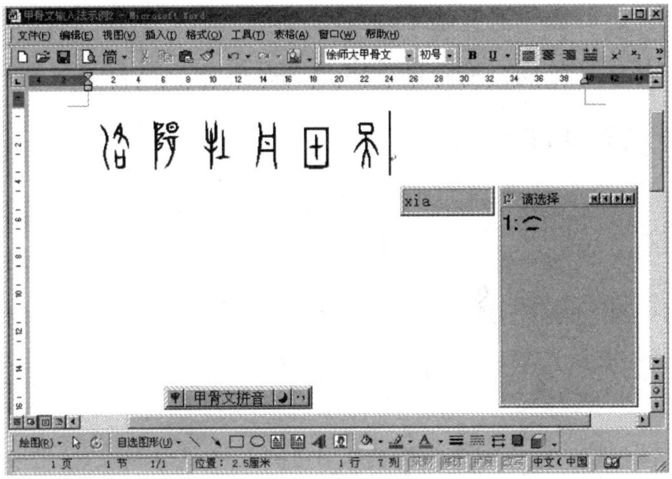

图 10－8　甲骨文拼音状态下输入甲骨文字形的示例

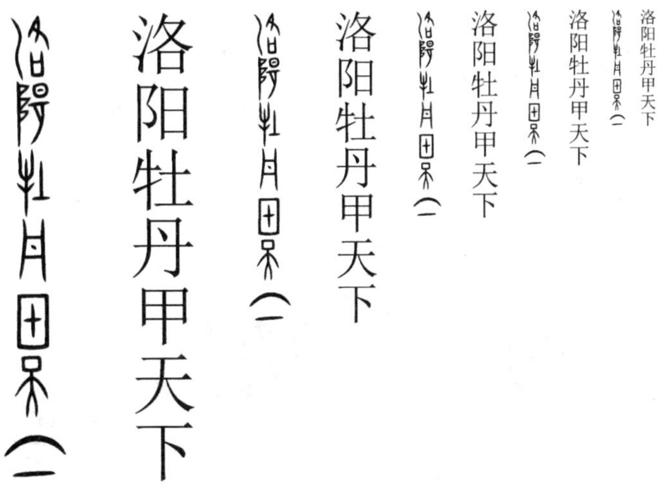

图 10－9　甲骨文字形与对应现代汉字放大、缩小的比较（一）

笔者利用 26 个英文字母实现了对通用甲骨文字库中任一字形的输入。对于那些可以与现代汉字对应的甲骨文字形，可以直接将它们转换成甲骨文字体，也可以采用拼音的方法或拆分取码的方法来输入。对于那些无法与现代汉字对应的未识甲骨文字形，可以采用拆分取码的方法来输入。

在易用性方面，笔者设计出转换、拆分、拼音等三种输入甲

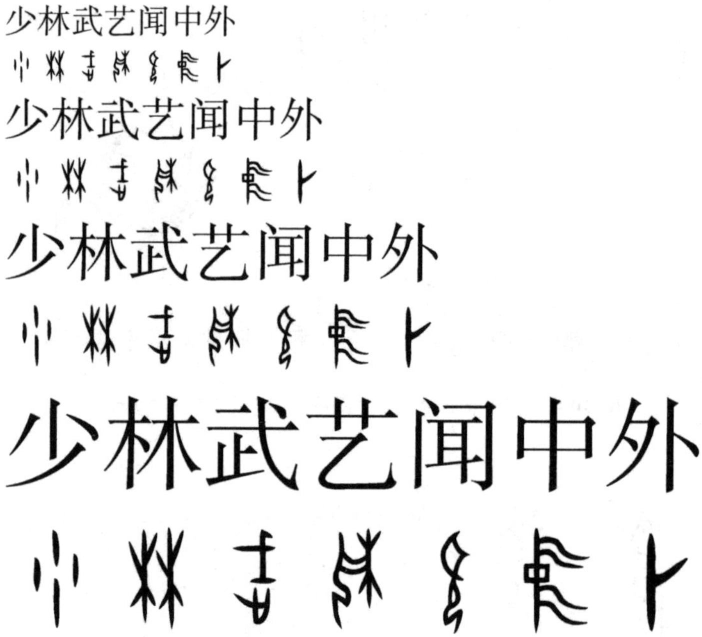

图 10－10　甲骨文字形与对应现代汉字放大、缩小的比较（二）

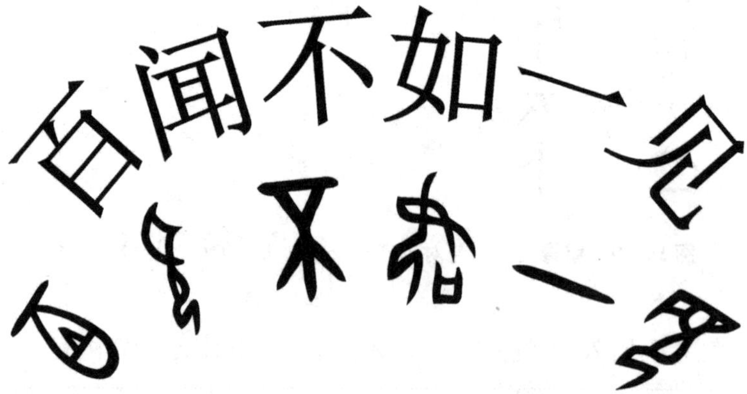

图 10－11　甲骨文字形与对应现代汉字放大、缩小的比较（三）

骨文字形的方法，便于各个层次的用户根据自身的条件和需要，使用自己熟悉的方法来输入甲骨文字形。

汉字输入平均码长，是指在输入给定的测试样本时，测得的输入每个汉字的平均击键次数。其计算公式是：

平均码长 = 输入样本的击键次数/测试样本总字数（键/字）

经过统计，在甲骨文字形输入状态下，输入每个甲骨文字形的平均码长是2.84；在甲骨文拼音输入状态下，输入每个甲骨文字形的平均码长是2.96。

重码字词键选率，是指在输入给定测试样本过程中，通过重码选择键确认的汉字字数与测试样本总字数的百分比。其计算公式是：

重码字词键选率 =（重码选择键确认的字数/测试样本总字数）×100%

经过统计，在甲骨文字形输入状态下，重码字词键选率是42.2%；在甲骨文拼音输入状态下，重码字词键选率是90.9%。

10.4　本章小结

本章介绍了甲骨文输入系统的模型、码表的制作，以及输入甲骨文字形的三种途径：转换成甲骨文字体；拆分取码的方法；拼音的方法。本章还对实验结果进行了分析，本章提出的甲骨文输入方案具有易用、简便、有效的特点。

第十一章　基于曲线轮廓描述的甲骨文字体自动变形

甲骨文又称“契文”“卜辞文字”，是中国最早的成熟的文字符号系统。从已发现的甲骨文来看，大多是记录公元前 14 世纪到公元前 11 世纪商代中晚期的占卜、祭祀和打猎活动的刻辞。因为这种文字是契刻在龟甲兽骨上的，所以得名甲骨文。甲骨文盛行于商代，是当时社会使用的主要文字。到了西周时期，由于冶炼技术的进步，青铜器物的种类和数量开始大量增加，随之铭文也逐渐增多，金文（又称“钟鼎文”，是铭刻在青铜器物上的文字）逐渐取代甲骨文的地位，成为流行的文字，甲骨文渐渐退出了历史的舞台，最终销声匿迹。直到三千多年后的 1899 年，才由山东人王懿荣发现，得以重见天日。

其实，早在殷商甲骨文产生之前，就出现了一些带有文字属性的符号。例如位于陕西西安东郊，距今 6700—5600 多年的新石器时代的半坡遗址；位于河南渑池县仰韶村，距今 6000—5000 年的仰韶文化遗址；位于山东泰安大汶口，距今 6400—4500 年的大汶口文化遗址；位于山东章丘，距今 4000 多年的龙山文化遗址都发现了类似文字的符号，有学者认为它们是汉字的祖先。但无论如何，它们还不能称为文字，原因如下。其一，这些符号还没有形成系统，只是零星地散落在陶器上，能够表达的意义非常有限。而甲骨文已经形成了体系，可以表达任意的复杂意义。其二，这些符号还是图画状态，不够抽象，只能表示某些简单的实物。而甲骨文尽管还保留着图画的特征，但是大部分经过抽象加工。并且从已破译的甲骨文来看，构成汉字的六条基本原则，即象形、指事、会意、形声、转注、假借，甲骨文都已具备，据此可以认为甲骨文已是成熟的文字。其三，从书法角度来讲，这些符号还不具有书法艺术要素，而甲骨文却具备了用笔、结体和章法等艺术要素，已经可以称为中国最早的书法艺术作品。

关于甲骨文书法，郭沫若曾在他的《殷契粹编》自序中，对其大加赞扬："（甲骨文）文字作风因人因世而异，大抵武丁之世，字多雄浑，帝乙之世，文咸秀丽。细者于方寸之片，刻文数十，壮者其一字之大，径可运寸。而行之疏密，字之结构，回环照应，井井有条。固亦间有草率急就者，多见于廪辛康丁之世，然虽潦倒而多姿，且亦自成其一格。凡此均非精于其技者绝不能为。技欲其精，则练之须熟，今世用笔墨者犹然，何况用刀骨耶？……足知存世契文，实一代书法，而书之契之者，乃殷世之钟、王、颜、柳也。"但不可否认的是，对于殷人而言，甲骨文主要是为占卜等宗教活动服务的，因而它的艺术价值处于次要地位。然而今天的社会文化环境与当时有了天壤之别，甲骨文的艺术价值逐渐被人们所重视，成为众多书法艺术形式中的一员。目前甲骨文书法大致分为两个流派：一是忠实于殷商甲骨文形态，仍然延续其契刻文字特点的甲骨文书法；二是以纸笔作为书写工具，并融入其他的艺术元素重新创作的现代甲骨文书法，它的创立是以 1921 年罗振玉《集殷墟文字楹联》的付印为标志的。罗振玉有着深厚的金石文字功底，他的作品中参以中锋篆法，字形结构坚实挺拔，既有古意又别具匠心，开创了现代甲骨文书法的先河。20 世纪 80 年代以来，随着现代艺术的兴起，甲骨文书法也开始走上了纯艺术的道路。追求个性化、多样化的艺术创造成为一种趋势。创作者们开始主动从各种新出土、新发现的艺术品中汲取营养，以现代人的书法审美观来创作甲骨文书法艺术作品从而产生独具特色的艺术效果。

纵观中国书法艺术的变迁，书写工具的改变对书法艺术风格有着重大的影响。甲骨文是以刀代笔刻在硬质材料上的，形成了其笔画以直线为主，间或有曲线，笔画瘦直，刀锋毕露的形态；金文是浇铸或者刻在青铜器上的，其风格就呈现出直画粗肥丰满，转折处屈曲圆转，给人以厚重敦实之感；石鼓文则是刻在形似石鼓的石头上的，其字体方正匀整，舒展大方，线条饱满圆润，笔意浓厚。毛笔笔头柔软，书写灵活，自从用毛笔作为书写工具以来，各种书体层出不穷，中国书法艺术得到了极大的繁荣，书法史上的巅峰之作都是用毛笔创作出来的。到了 20 世纪，硬笔逐渐取代了毛笔，出现了硬笔书法。硬笔因其笔头坚硬，写出的字体自然不同于以前。经过几十年的发展，中国硬笔书法已经有了一定成果，并逐渐形成了各种流派。然而，计算机技术的迅速发展却给书法艺术带来了又一次变革，它让人们改变了延续几千年的用刀或笔写字的习惯，而改用手指敲击键盘。当然，这也出现了很多问题。例如，计算机系统中的字体不多，因此字形千篇一律，等等。但是，计算机影响着我们生活的方方面面，用它来“写字”确实快捷方便，而且有很多场合还必须使用它。因此，一味地排斥和贬低计算机参与书法创作的做法是不可取的。计算机是人类大脑的延伸，人们可以通过编写软件，指挥这个大脑，让它参与到书法艺术的创作中来，让书法艺术跟上时代发展的步伐。数字书法就是计算机技术和书法艺术相结合的产物。

实际上，人们在解决了汉字输入计算机的问题之后，就一直在进行着这方面的尝试。数字书法对于人们来说并不陌生。在电影电视、招贴画和广告上随处可见数字书法的身影，它们都是经计算机加工处理过的书法作品。但是，相对于经过长期发展，已经形成众多书体的传统书法来说，“电脑字”总是缺少了一些个性，不像毛笔书法那样富于变化。而且数字书法创作人员还需要用图像处理软件来手工处理字形。汉字本身的结构比较复杂，笔画多且字符数目庞大，完全由人工操作，效率会比较低，并且做成的字仍然是图像，不能作为字库使用，不具有重用性。同时，这种操作对创作者的要求也比较高，除了书法艺术的修养之外，掌握图形处理软件的操作也是必不可少的条件。这样一来，一般的人很难完成，这对数字书法的普及不利。所以，如何让计算机辅助或者自动生成新风格的字体就成为人们关注的焦点。很多学者对此进行了研究，但是，这种研究目前还只是针对现代汉字而言的，甲骨文等古文字的自动生成还没有得到充分的研究。总的来说，这是因为一方面古文字的数字化处理刚刚起步，还没有现代汉字数字化处理发展得那么成熟；另一方面是因为古文字字形结构复杂，和现代汉字相差较大，其字形的自动生成自然就更加困难。

11.1　字体的概念和字形描述方法

字母、数字和其他字符可以显示成不同的大小和风格。一组字符的完整设计风格称为字体。如常用的英文字体有 Times New

Roman、Arial、Courier 等，中文有宋体、黑体、楷体等。不同风格的字体在电子印刷、桌面出版、艺术、广告等领域有着大量的需求。字体特定的形状称为字形。字形这个概念最早是在印刷行业中提出来的，今天在电子出版领域使用最多。

目前的字形描述方法主要有三种：即点阵法、矢量法、曲线法。点阵法是使用长方形的网格图案来存储字体，这种字体叫作位图字体（bitmap font），但是这种方法需要较大的存储空间。尽管能够从一组点阵字符生成不同尺寸和类似粗体、斜体等其他变体，但结果通常不是很好。矢量法是用一串矢量参数来描述不规则笔画轮廓，尽管这种方法能使所需存储容量大大减少，但是字体质量不是很高，字形放大时失真，边缘不光滑，可看出明显的折线拐点。轮廓法是使用光滑曲线（如 B－样条曲线或 Bezier 曲线，目前大多采用不高于三次的 Bezier 曲线）拟合汉字轮廓，既具有向量表示的优点，精确度也很高，是一种较为理想的字形描述方法。因此，曲线轮廓字形得到了广泛的应用。

11.2 国内外字体生成方法研究现状

由于对不同字体的需求大量增加，如何快速地制造低成本高质量的字库成为热点问题。传统上字库的生成过程是首先由书法家把字写出来，再由人工扫描录入，然后去除图像的噪声点，最后提取字形的轮廓曲线。这样要制作一套新字体相当烦琐，造价很高。于是，用计算机辅助字形生成就应运而生了。国外在这方面的研究始于 20 世纪 60 年代。最初只是简单地改变字母比较明显的特征，如笔迹宽度（width of stems，bars and bowls）以及它们之间的距离、衬线的形状等。也有使用字符串匹配方法来改变字体风格的，但是这些方法改变字形的能力有限，适用范围也不是很广。后来产生了更为灵活的方法，Knuth（1986）发明了一种功能强大的专门进行字形设计的程序设计语言——METAFONT。但是这种语言因为过于复杂，不具有所见即所得的功能和不能生成轮廓字体而没有得到广泛应用，但是它为字形生成研究开拓了思路。在这之后，出现了参数字体模型，这种方法是在可见变形结果的状态下，通过改变参数的值改变字形。如 Shamir 和 Rappoport（1997）提出了一种基于特征和规则的参数字体模型。它不仅具备所见即所得的功能而且生成的新字形仍然是轮廓字形。近年来，一些新的方法也纷纷被应用到字体生成的研究中，例如从 Motor Model 改进而来的 Delta-Lognormal 理论（Plamondon and Guerfail，1998），以及 Bayesian network（Gao Li，2009），等等。

汉字是一种图画性很强的文字，它具有复杂的笔画和结构特征，各种部件的变化繁多，可重用性不高。所以，较字母文字而言，汉字的自动生成要复杂得多。目前的字形生成方法都是针对现代汉字的，主要有以下几种。

第一种是根据书法规则自动生成一种新的字体。如樊建平（1990）的 ICCDS 智能汉字字形实验系统。这种方法比纯粹人工方法进步很多，但是整体工作量还是比较大，在制作过程中对操作者的要求也比较高。Songhua Xu 和 Francis C. M. Lau（2005）提出的方法是通过机器学习将现有字体的笔画和结构转化成具有层次的部件数据库，再应用这个数据库根据一定的规则推理生成新字体。

第二种是以黑体或宋体为基础，通过分析目标字体的结构和笔画特征，改变现有字体而生成隶书和衍生黑体等新的字体。高晓、蔡士杰（1995）根据源字形和目标字形具有相同的拓扑结构，构造了源字体和目标字体的构架库和基本笔画库。构架库和基本笔画库是由下面的一组数据构成的。用巴科斯范式（Backus Normal Form）描述如下。

<构架>::=<部件>{<部件>}

<部件>::=<部件属性><笔画>{<笔画>}

<笔画>::=<折线>|<Bezier 曲线>

在变形时，首先进行构架变化，然后再逐一进行笔画变换，最后通过调整参数，控制笔画的长短粗细从而生成大小不同的目标字体。

第三种是由多种字体的傅里叶系数合成新字体，这种变换理论上可以生成无穷多的新字体。马小虎、潘志庚等（1996）提出了用 Fourier 级数描述汉字和进行变形的方法。该方法首先对汉字轮廓用 Fourier 级数重构边界，再通过调整 Fourier 级数展开式中的谐波可以生成各不相同的字形，并且谐波取值越大重构的字形与原始的字形越接近，应用这种方法还可以合并多种字体的风格，形成具有混合风格的汉字字体。

第四种是使用凸剖分广义形态变换的方法，由两种不同风格的字体合成新的字体。刘文予、朱光喜（2000）对字体进行凸剖分，把字体分解成若干个子凸多边形，经过全局优化迭代建立两种不同字体的子凸多边形间的匹配关系，计算两匹配子凸多边形的形态和，再进行合并，得到合成后的字体。

第五种是使用插值方法来合成字形，如杨丰、王哲、余英林（1998）提出了应用三次 B－样条插值曲线表示字形笔画的轮廓线。根据 B－样条插值曲线的连续性与唯一性，在待合成字形笔画曲线之间建立对应关系。应用三次 B－样条插值曲线表示字形笔画的轮廓线，将待合成的曲线分别置于 Z_0 与 Z_1 平面上（平面 Z_0 与 Z_1 垂直于 XY 平面），在 B－样条插值曲线之间建立对应关系。设定比例合成系数 r（$0\leqslant r\leqslant 1$），在 Z_0 与 Z_1 平面之间产生新的字形。假设两平面上的轮廓线分别用函数 $F_1(t)$ 和 $F_0(t)$ 表示，则新生成轮廓的表达式为：$F_{new}(t) = (1-r) * F_0(t) + r * F_1(t)$。

第六种是采用小波变换的方法。冯久超、杨丰（1999）使用了 B－样条小波变换来生成新的字体。这种方法基于三次 B－样条小波构造曲线的优点，生成新的汉字字形。它首先将字形轮廓线转换成 B－样条曲线，用小波变换分解曲线的控制点为不同层次的细节与低层次控制点（曲线），这些细节代表汉字字形的某些特征，改变某些层次上的细节，通过小波变换中的合成过程恢复字形，能得到一种新字形。

以上的方法针对现代汉字都有很好的效果。第一、二种方法都要使用笔画，这对于笔画数目有限而且结构很规整的现代汉字而言较易实现。但甲骨文的结构要比现代汉字复杂得多，而且甲骨文笔画复杂繁多写法不固定，如果使用这些方法，需要构造庞大的笔画库，增加了笔画识别的难度。其他四种方法，要求将同一笔画或者汉字的两种不同风格的字形进行合成。而甲骨文的拓扑结构和现代汉字有很大差别，几乎没有对应的字可以与之合成。

除了上面的方法，近年来又出现了一些仿真的方法，如虚拟毛笔，这是一种基于模型的能够生成具有真实感汉字书法作品的方法。这种方法模拟实际笔画的书写过程，使用一种参数化的模型，包括毛笔的三维几何特征，制作笔头的毛发的特征属性，笔画书写过程中墨水的深浅变化、笔的压力、笔的倾斜角度和真实写字时笔的运动过程等一系列特征，可以生成极具真实感的书法作品。另外，机器人技术也渗透到了字体生成的研究领域，它应用图像技术、曲线技术和书法知识提取出毛笔字的轨迹，然后把它应用到机器人模拟书写系统中。这样的机器人可以模仿真人创作书法作品的过程，帮助人们学习写毛笔字。还有其他一些方法，例如应用数学形态学的方法等。但这些方法有的重点在于仿真，有的是为了教学，生成新字形的能力不是很强，并且生成的大多为位图字体，不利于再加工和重用。

11.3 本章小结

本章针对甲骨文特殊的几何特征和拓扑结构提出了一种甲骨文新字体生成方法。甲骨文是从图画发展而来的文字，很多还带有图画的痕迹。它的写法非常自由，颠倒、增加或者删减若干笔画都可以表示同一个字。它的结构复杂，笔画多样，直接提取笔画难度很大。本章提出的方法是首先用曲线拟合甲骨文字形轮廓，然后利用拟合曲线提取特征点，并提取出笔段进行分类。为了生成风格多样的字形，还要提取笔段轮廓模板，最后依照模板生成新的字形。该方法使用轮廓提取笔段，可以避免传统的细化方法容易出现畸变的问题。从实验结果看，该方法简洁，容易实现，能自动生成多种不同风格的甲骨文新字体。本章提出的方法包括五个主要步骤，如图 11 - 1 所示。

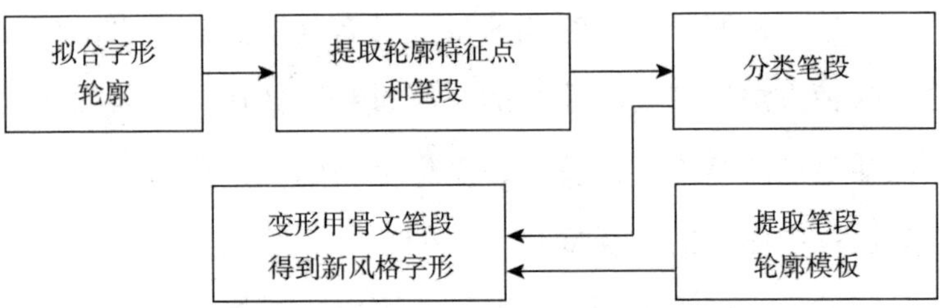

图 11 - 1　本章所提方法的五个步骤

对于甲骨文来说，因为在殷商时期它的艺术价值只是处于从属地位，并且还受制于当时的制作工具，所以其风格和特征展现是被动的。但是作为一种书法艺术，它的风格应该是多样化的，不应该只拘泥于原来的形态。所以后来出现了使用纸笔创作的现代甲骨文书法。到了如今的数字时代，甲骨文也应该加入数字书法艺术的家族中来，丰富它的艺术样式。

对于甲骨文的曲线轮廓自动生成与变体技术研究的意义在于以下几点。①让这种古老的文字方便地在计算机上输入、输出，方便它的使用和传播。②通过计算机智能地生成新风格的甲骨文字形，不仅可以方便创作者，而且能产生一些手写字体很难达到的效果，可以起到丰富甲骨文艺术样式的作用。③在电子出版、广告、艺术和平面设计等领域，需要大量的不同风格的字体，因此现代汉字的自动生成研究取得了丰硕的成果。但是甲骨文等古文字的生成还没有得到充分的研究。本章对甲骨文轮廓变形进行了技术上的探索，为将来更多的古文字字形技术发展积累了经验。

第十二章　基于轮廓的甲骨文笔段提取方法

如果将甲骨文和后世汉字相比较，就会发现甲骨文的象形程度非常高，甚至甲骨文中的象形、指事、会意、形声这四类字的构形符号从视觉上看都是象形符号。形声字的声旁和假借字这类借音符归根结底也是由象形符号充当的。这是因为甲骨文脱胎于原始的文字图画，尚属于汉字发展的早期阶段。后来随着汉字发展逐渐成熟，汉字象形程度越来越低，到小篆阶段已经不怎么象形了，等到隶楷阶段，已经完全走上了符号化的发展道路。甲骨文和现代汉字存在着如此大的差别，因此不能直接把它和现代汉字进行合成。

书法艺术向来具有无与伦比的创造性。汉字的写法虽然已经固定，但是书法家却能够将同样的汉字演绎出风格迥异的书法作品。究其原因，汉字结构虽然复杂，但基本上还是由数目有限的基本部件构成的。这些基本的构字部件就是笔画。笔画的风格不同会使整个字的风格产生差异，而对笔画风格影响最大的部件是笔锋。虽然甲骨文笔画复杂繁多，难以区分，但是可以把它的笔画分解成相对简单的部件，而这些部件不仅能够影响笔画的风格，并且在现代汉字中也存在，只要通过将这些部件变形，就可以解决甲骨文和现代汉字的合成问题了。

12.1　笔画提取方法研究现状

在众多字体生成方法中，使用笔画和部件的方法占有重要地位，如樊建平（1990）、岳华等（1994）、高晓等（1995）、Xu Songhua 等（2005）的研究成果。因此，如何从字形中提取笔画和部件就成了解决问题的关键。因为汉字的笔画经常会发生倾斜角、长短、宽度等形变以及笔画部件之间位置的变化，使得汉字笔画的提取变得比较困难。一般来说，汉字笔画的识别方法主要有两种，一种是应用骨架化的方法，另一种是非骨架算法，如利用对象的灰度图、二值图和轮廓图提取笔画。

骨架化的方法，就是将字符图像中所有线段图案的宽度减小为一个像素的过程。这种方法的时间复杂度最低，也是应用得最广泛的笔画提取方法。但是在细化提取骨架的过程中容易产生畸变，会影响到笔画提取的准确性。

在灰度图中提取笔画的算法中，Chang Hung-Hsin 和 Yan Hong（1999）提出的方法比较有代表性。该方法是把输入的灰度图根据欧拉距离变换（EDT）转换为三维图像，然后分析图像中的形态特征，提取出“山峰”“山脊”“马鞍”等特征区，根据这些区域对笔画进行预处理，最后再根据建立的复杂的规则提取笔画。这种方法得到的结果和原图像骨架图比较一致，但是时间复杂度很高。因为在灰度图中，每个像素都具有 256 级灰度，它的存储空间是二值图的 8 倍。

从二值图中提取笔画的时间复杂度仅次于灰度图，它虽丢失了灰度信息，却能够充分利用笔画的宽度、连续性和曲率变化等特征，不足之处在于要对每个字符像素进行运算，时间复杂度较高。

从轮廓图中提取笔画的时间复杂度在第二种方法中最低，它利用笔画两侧轮廓的相对位置和大小关系来提取笔画，提取结果比较准确，较适用于笔画宽度稳定的印刷体汉字。

12.2 甲骨文的字形和笔画特征

甲骨文的字形特征也是它的书法特征，是甲骨学断代的基本标准之一。王国维最早提出了甲骨文的时代差别。后来董作宾首先提出“贞人”（书写或契刻甲骨文的人）的概念，将晚殷八世十二王中一团“浑沌”的卜辞，划分为五个不同时期（董作宾，1965），这五个时期中的甲骨文各具特色。

第一期：武丁时期。契刻多用单刀直入，笔力犀利遒劲，结体严整，有些卜辞采用双刀，甚至有复刀。书法粗犷，气势卓伟。

第二期：祖庚、祖甲时期。契刻单刀和复刀并举，有些卜辞匀称整齐，显然所用工具是很坚硬的，装饰效果增强。

第三期：廪辛、康丁时期。书写字迹细丽工整，行款错落，多以单刀出现。

第四期：武乙、文丁时期。契刻粗细结合，说明卜人用刀力度轻重有法，书风雄健。

第五期：帝乙、帝辛时期。结体章法，严整而井然有序。虽然字迹小如黍米，但书风纤丽秀逸，不失法度。图 12－1 是著名的商代武丁时期（属于甲骨文断代早期）的《祭祀狩猎涂朱牛骨刻辞》（正面）。它是一块牛肩胛骨，保存完整，骨板巨大，字迹清晰。正面有刻辞四条，一百一十多字。内容为商代社会生活和天气等方面的情况，有重要的文史价值。这篇甲骨文书风雄伟，代表了那个时期的风格。它的笔画尖起尖收中亦有变化，锋芒毕露。行笔果敢，直中见曲，弯中藏折，刚健中亦有柔和之笔。

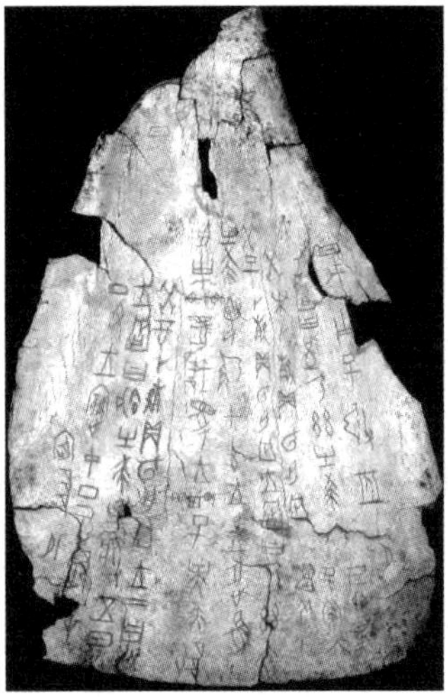

图 12－1　《祭祀狩猎涂朱牛骨刻辞》（正面）

实际上，尽管从艺术史的角度将甲骨文划分了类别，但是在具体作品的分析中，很难看出有什么明确的界线。有的甲骨文按现在书法风格的标准来看，它们之间可能只有线条的圆润与尖利之分，或者粗细之分等。但是，无论如何，因为甲骨文是契刻在硬质甲骨上的，这样就造成了它们共有的特征，即笔画以直线为主，间或有曲线，笔画瘦直，两端尖出（尖起尖收是甲骨文笔画非常明显的标志），锋如麦芒。本书选用了基于轮廓的甲骨文笔段提取方法。这是因为一方面作为甲骨文笔画标志的尖点可以在字形轮廓上找到；另一方面，因为刀刻的原因，甲骨文笔画宽度一般比较均匀，这正符合使用轮廓提取笔画的条件。

12.3 甲骨文字形轮廓的拟合

12.3.1 甲骨文字形轮廓的拟合方法

本书使用基于字形轮廓拟合曲线提取甲骨文笔段的方法，因此，有必要先介绍一下甲骨文字形轮廓拟合技术。甲骨因为年代久远，又深埋在地下经历了几千年的侵蚀，经常会出现缺损、断裂、字迹模糊不清的情况。由这样的甲骨得到的图像有很大的噪声，是不能直接作为点阵字模用来拟合字形轮廓的，所以首先要对得到的甲骨文图像进行预处理。例如给图像去噪，使文字位置规正，统一字形大小。马小虎、黄文帆等（2004）开发了一个针对甲骨文特点的字形处理系统。该系统不仅带有一定的图像预处理功能，而且在字形轮廓特征点提取算法上，采用了按顺序对字形轮廓曲线上的点及其相邻两侧点的夹角求平均值的方法，还采用了对缓慢弯曲的较长曲线插入特征点的方法，从而提高了曲线拟合的精确度。该系统采用 2 次 Bezier 曲线拟合字形轮廓，能够得到高质量的曲线轮廓字形。其中，一段 n 次的 Bezier 曲线 $P(u)$ 可由表达式（12－1）来描述：

$$P(u) = \sum_{i=0}^{n} \frac{n!\ (i-u)^{n-i} u^i V_i}{(n-i)!\ i!} = \sum_{i=0}^{n} B_{n,i}(i)\ V_i,\ u \in [0,\ 1] \tag{12-1}$$

式中 $V_i (i=0, 1, \cdots, n)$ 为 Bezier 特征多边形的顶点。V_0、V_n 是曲线端点，其他顶点称为控制点。$B_{n,i}(u)\ (i=0, 1, \cdots, n)$ 称

为 *Bernstein* 多项式。而给定三个顶点 V_0、V_1 和 V_2，可定义一段 2 次 Bezier 曲线 $P(u)$：

$$P(u) = (1-u)^2 V_0 + 2(1-u)uV_1 + u^2 V_2,\ u \in [0,1] \tag{12-2}$$

12.3.2 甲骨文字形轮廓拟合方法的改进

马小虎、黄文帆等（2004）所提出的字形轮廓拟合方法的步骤是：首先在字形轮廓弯曲较大的地方插入特征点，然后使用 2 次 Bezier 曲线拟合字形轮廓。该方法在拟合整体字形时能够得到很好的效果。但是因为 2 次 Bezier 曲线的控制点越靠近原轮廓就能够越接近原轮廓形状，而需要使用这些曲线来识别判断笔段类型，所以就要求控制点尽可能地接近笔段轮廓。为了达到这个目的，笔者对文献中的拟合方法进行了改进。即在文献提出方法的基础上，计算控制点和轮廓的距离，并设定了阈值。若距离大于阈值，则在控制点处分段，将曲线一分为二，形成两条距离在阈值范围内的 2 次 Bezier 曲线。这样，拟合曲线能够更加精确地描述字符轮廓的形状，还能够满足进行笔段识别的要求。图 12－2 是甲骨文“安”字的原字形，图 12－3 是使用文献中的方法拟合的字形，图 12－4 是本书的方法拟合的字形。

图 12－2　甲骨文字形“安”

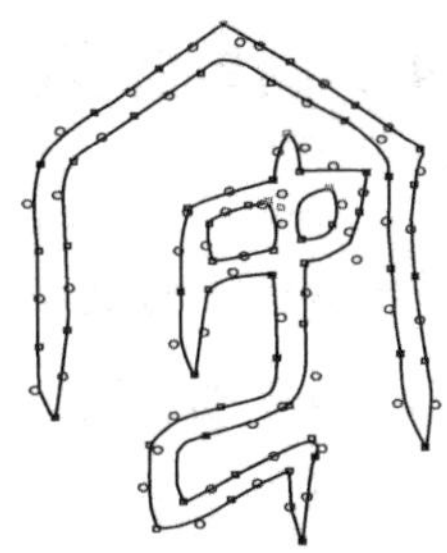

图 12－3　文献中方法拟合的字形“安”

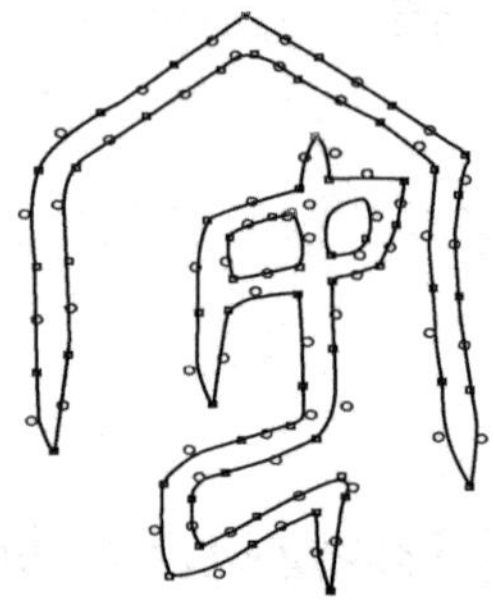

图 12－4　本书方法拟合的字形“安”

12.4　甲骨文笔段特征点的提取

12.4.1　甲骨文笔段特征点的概念

应用甲骨文字形轮廓拟合曲线提取笔段，首先要找到笔段的位置。甲骨文笔画两端尖出，因此，只要能够提取出甲骨文字形轮廓上的尖点，就能够找到笔段的位置。本书中的笔段特征点分为两种：一种是字形轮廓上的尖点，称为笔段的特征尖点；另一种是由于笔画交叉产生的凹点，这种点在笔段类型识别和变形的过程中有非常重要的作用，将它们称为笔段的特征凹点。

12.4.2　特征尖点的提取

经拟合后，甲骨文笔段特征点可以根据字形拟合曲线中相邻两条 Bezier 曲线端点间形成向量的夹角 θ 提取。如图 12－5 所示，箭头表示向量。表 12－1 是图中各种符号代表的意义，文中所有的示意图的符号均遵循同样的表示方法。

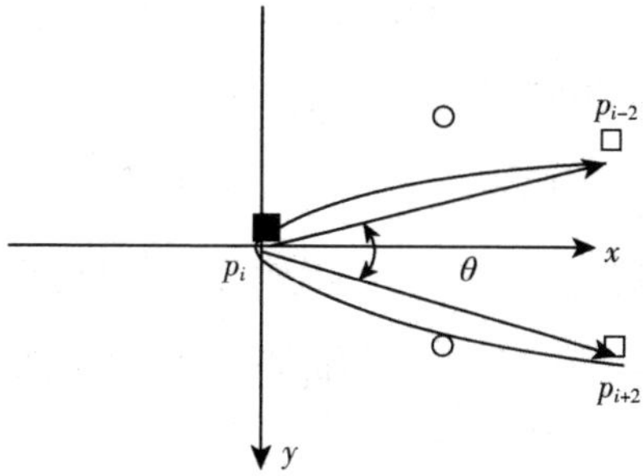

图 12－5　甲骨文笔段特征尖点的提取

表 12－1　示意图符号意义对照表

图中符号	符号所代表的意义
■	尖点
◇	凹点
○	控制点
□	曲线端点

首先计算夹角 θ，计算公式为：

$$\theta = \arccos\left(\frac{V_1 \cdot V_2}{|V_1||V_2|}\right), \qquad \theta \leqslant \pi \tag{12-3}$$

其中，向量 V_1、V_2分别是两条曲线的公共端点和它们的另一端点所形成的向量$\overrightarrow{p_i p_{i-2}}$、$\overrightarrow{p_i p_{i+2}}$。考虑到用户的不同需求，设计了交互功能，让用户可以自行设置不同的尖点阈值 M，当偏移角度 $\theta < \mathrm{M}$ 时，系统就认为 P_i是尖点。同时，笔者的系统还设计了更多的交互功能，让用户能够根据需要增加或者删除这些尖点。

12.4.3　特征凹点的提取

在使用尖点提取算法时，一些位于两笔画交叉处的凹点也被标记了出来。这些凹点对于提取笔段信息起到的作用和尖点不同。所以，要将这些凹点标记出来。

凹点可以通过应用 xy 平面上分解凹多边形的向量法提取出来。因为字形轮廓是逆时针方向为正，所以可以根据两相邻拟合曲线端点依次组成的向量 $\overrightarrow{p_{i-2}p_i}$ 和 $\overrightarrow{p_i p_{i+2}}$ 的叉积结果 z 的正负标记出凹点。

图 12－6 是当角度阈值 M＝115 时系统自动提取的尖点和凹点。图 12－7 是当 M＝150 时提取的结果。

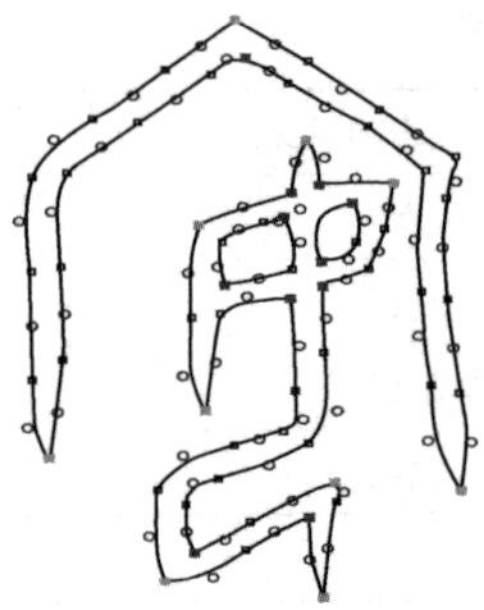

图 12－6　M＝115 时提取的尖点和凸点

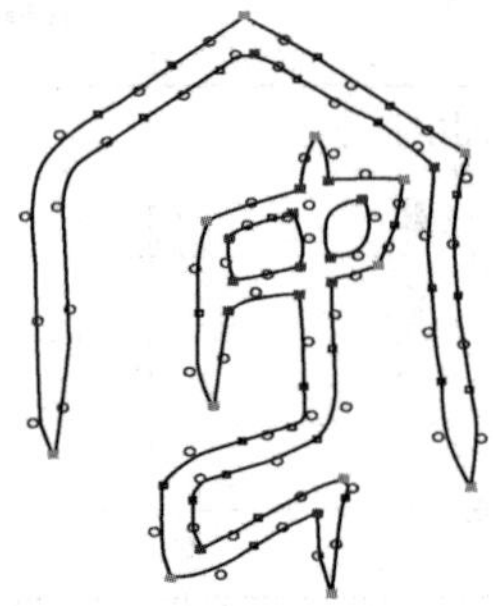

图 12－7　M＝150 时提取的尖点和凹点

12.5　甲骨文笔段的分类

要通过笔段改变甲骨文的风格，就要选取这样的笔段：一是这些笔段在甲骨文中出现频率高；二是对整体字形风格有重要影响；三是这些笔段在现代汉字中同样存在。现代汉字基本笔画的笔锋部分就符合这个要求。笔者的做法是：将一个笔画分解为起笔和末笔两部分，而这两部分实际上是笔锋，它们对整个字体的风格有重要的影响。在变形时，按照这些笔锋改变甲骨文笔画两端的形状从而保留笔画的其他部分，这样就可以在保持甲骨文拓扑结构不变的情况下融入新的字体风格。

现代汉字笔画的划分还没有统一的标准，且各家对笔画的命名也不相同。根据国内影响较大的说法，大致有以下两种。一种是张静贤的《现代汉字教程》，提出了六种基本笔画的说法，它们分别是：横、竖、点、撇、捺、提。这本书在对外汉语教学领域有着较大的影响。另一种是胡裕树的《现代汉语》（增订本）以及李大遂的《简明实用汉字学》，他们认为汉字的基本笔画应该是八种，分别是：横、竖、点、撇、捺、提、折（横折）、钩（竖钩）。这两者之间的差异在于着眼点的不同，前者着眼于汉字笔画的形状的成因，认为折（横折）、钩（竖钩）可以由其他的笔画派生出来，后者着眼于对笔画不同形态的静态描写。笔者是从书法的角度来看待汉字笔画的，所以本书的分类方法以笔画书法特点为依据，划分的种类也更加详细。

公元 3 世纪至 4 世纪魏晋时期形成的楷体字是我们现在使用最广泛的字体。本章就以楷书为例，结合楷书的笔法特征和规则，对笔段（笔锋）进行了分类。需要说明的是，尽管这里大多数的笔段都可以从楷书的基本笔画中找到，但是因为书法创作是从整体着眼的，而这里是从局部着眼的，所以也有一些例外。表 12－2 所示的就是划分的笔段类型。

表 12－2　　甲骨文笔段类型

序号	笔段名称	序号	笔段名称	序号	笔段名称
1	横的起笔（方笔）	7	竖的末笔（垂露）	13	斜捺的起笔
2	横的起笔（圆笔）	8	竖的末笔（悬针）	14	平捺的起笔
3	横的末笔（方笔）	9	比较陡的撇的起笔	15	斜捺的末笔
4	横的末笔（圆笔）	10	比较平的撇的起笔	16	平捺的末笔

续表

序号	笔段名称	序号	笔段名称	序号	笔段名称
5	竖的起笔（右侧圆头）	11	比较陡的撇的末笔	17	竖钩
6	竖的起笔（圆头）	12	比较平的撇的末笔	18	竖提
19	独立点	22	尖角折	25	默认笔段
20	圆角折	23	向下的折		
21	方角折	24	向上的折		

12.6 甲骨文笔段的特征和识别

12.6.1 笔段提取的依据

按照12.5中的方法提取笔段特征点之后，就可以找到整个字形中所有的笔段。之后，找到甲骨文各笔段的特征点，并提出算法能够让系统自动识别出这些笔段的类别。

从众多笔段中比较容易识别出来的是独立的点。因为独立的点拟合曲线数目较少，可以通过计数控制点和端点的数目将其识别出来。对于其他笔段的识别，本书提出了一种基于轮廓的方法。因为基于轮廓的方法能够避免传统细化方法容易出现的畸变问题，而且时间复杂度也比较低。

笔段提取的依据是：汉字的笔段虽然基本上是呈现长形的，但是它的方向性很强，可以从方向上判断出不同的笔段类型。笔段方向可以从其轮廓开口方向上区别，而轮廓的开口方向又是由拟合笔段的曲线的位置决定的。为了适应计算机屏幕坐标，笔者建立了如图12－5所示的坐标系。坐标系原点位于左上角，x轴向右为正方向，y轴向下为正方向。同时要说明的是，本书中字形轮廓的方向是外轮廓逆时针方向为正，内轮廓顺时针方向为正。

12.6.2　相关的几个概念

对于组成甲骨文字符轮廓的一组二次 Bezier 曲线的特征多边形的顶点 $p_i(i=0, 1, \cdots, n-1)$，其中 $p_0=p_{n-1}$，给出以下基本概念的定义：

定义 1　有向线段$\overrightarrow{p_ip_j}$的方向为 p_i 指向 p_j。

定义 2　点 p_i 的 K_- 方向是指点 p_i 和它前面第 k 个点之间的连线方向$\overrightarrow{p_ip_{i-k}}$；$p_i$ 的 K_+ 方向是 p_i 和它后面第 k 个点之间的连线方向$\overrightarrow{p_ip_{i+k}}$。

定义 3　点 p_i 的 K_- 方向 X 偏移是指 p_i 和它前面的第 k 个点的 x 坐标差值 $p_i.x-p_{i-k}.x$，用符号表示为 $p_i.K_-.x$；p_i 的 K_+ 方向 X 偏移是指 p_i 和它后面的第 k 个点的 x 坐标差值 $p_i.x-p_{i+k}.x$，用符号表示为 $p_i.K_+.x$。

定义 4　点 p_i 的 K_- 方向 Y 偏移是指 p_i 和它前面的第 k 个点的 y 坐标差值 $p_i.y-p_{i-k}.y$，用符号表示为 $p_i.K_-.y$；p_i 的 K_+ 方向 Y 偏移是指 p_i 和它后面的第 k 个点的 y 坐标差值 $p_i.y-p_{i+k}.y$，用符号表示为 $p_i.K_+.y$。

12.6.3　笔段折的识别方法

如果从书法的角度分析，可以观察到折在结构上与其他独立的笔段不同，它的起笔和末笔并不是笔锋所在。所以笔者将它当作复合笔画来处理。在进行独立笔段识别之前，首先将折提取出来。

图 12－8 所示是经过系统拟合后的折，它具有以下特点。①

因为折不是前一笔画线条由重而轻的自然结束，而是将刻刀转动了一个角度，然后继续刻出另外一个线条，所以这两条笔画线条之间所形成的角度要比笔画由重而轻自然结束所形成的角度大一些。②在与笔段尖点相对的轮廓上，会存在一个因转折而形成的和此尖点相对应的凹点。③凹凸两点之间的距离 d 的长度有限，应该在一个笔画宽度所允许的范围内。在轮廓拟合以前，所有的字都经过了规格化处理，大小一致，所以 d 具有可比性。④凹点和尖点以及两端点形成的角度 α、β 差别不会太大，并且都不会是接近于 0 度的角。

在折的上述特征中，条件①比较容易判断，条件②中的凹点可能存在两种情况：第一种情况是凹点和尖点处在同一条笔画轮廓线上，如图 12－9 所示。第二种情况是凹点和尖点不在同一条笔画轮廓线上，而是在和尖点相对的内轮廓线上，如图 12－10 所示。

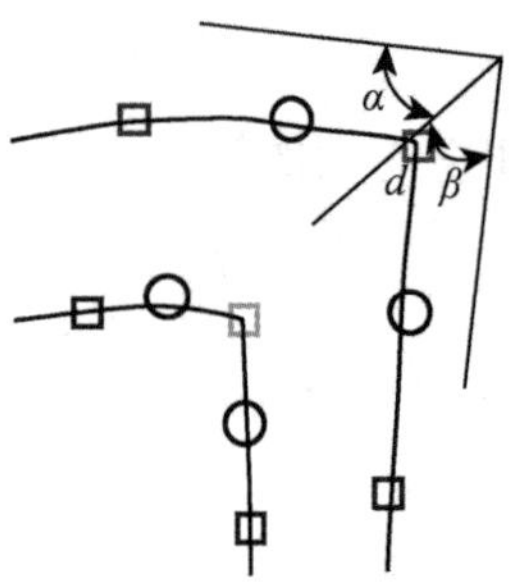

图 12－8　经过拟合的折

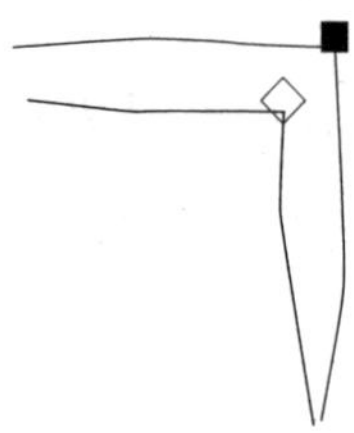

图 12－9　情况一

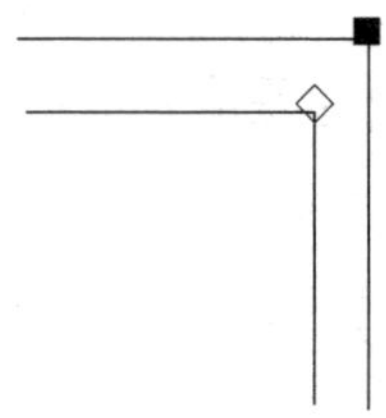

图 12－10　情况二

针对折的这些特性，笔者提出了如下的识别算法。

第一，计算尖点两侧曲线的夹角 θ 的大小，并和设定的折角度阈值 M_2 进行比较。角度大于阈值 M_2 的，直接就可以判断为折。否则继续测试，观察是否满足下面的条件。

第二，若 θ 介于阈值 M_1 和 M_2 之间，则搜索和尖点相对应的凹点。搜索算法如下。

首先以尖点为起点，沿本轮廓线搜索凹点。

然后，若在本轮廓线上找到一个凹点，则测试是否为和尖点对应的凹点。方法为：计算距离 d 和角 α、β。如果三者分别满足条件③和④，则可判定此凹点就是和尖点对应的点。若不符合条件，则继续在本轮廓线上寻找凹点并重复第二个步骤。

最后，若没能在同一条轮廓线上找到对应凹点，则此凹点可能存在于内轮廓上，于是搜索内轮廓。搜索方法为：搜索本字符的所有的内轮廓，找到凹点后测试 d 的长度和 α、β 的大小，若满足条件③和④，则可判定尖点所在处是一个折。若没找到满足条件的凹点，则尖点所在的笔段只是一个普通笔段。

第三，判断折的类型。在书法艺术中，不同的书写方法会使折呈现出不同的形态，所以在这里加以区别。一种比较普遍的划分方法是按照折笔画角 θ 的大小来。一般分为三种，第一种是尖角折，形如。第二种是直角折，形如。第三种是顿（圆）角折，形如。图 12－11 为笔段折判断算法流程图。

12.6.4　独立笔段的识别方法

与复合笔段对应的是独立笔段。如图 12－12 所示，每个独立笔段的轮廓都有闭合的一端和开口的一端。在本书中，称笔段轮廓曲线开口一端所指的方向为笔段开口方向。汉字笔画具有方向性，因此笔段同样也具有方向性。从图 12－12 可以看出，各种类型笔段的开口方向不同，可以用来作为划分笔段类型的依据。本书对于独立笔段的识别提出了一种两级笔段识别方法，可以最终将甲骨文的笔段自动划分为表 12－2 所示的各种类型。

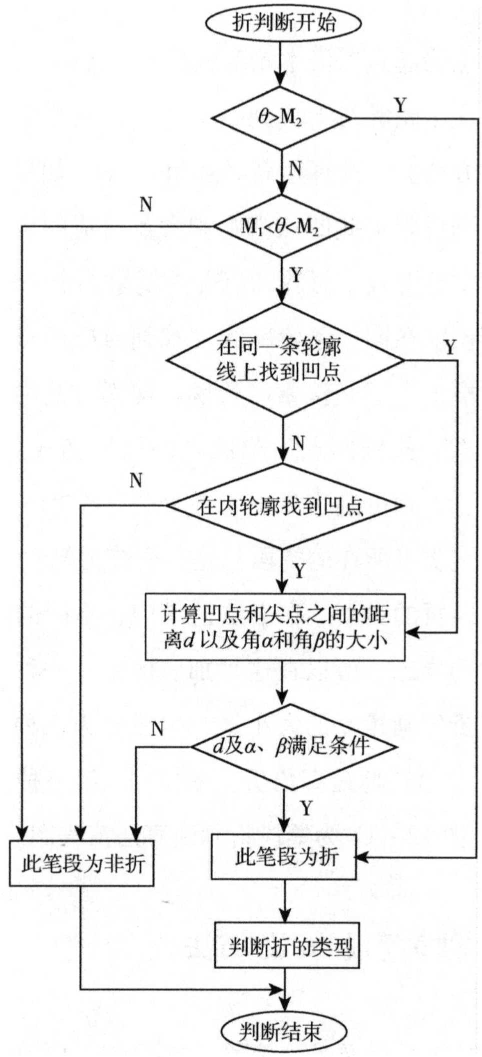

图 12－11　笔段折判断算法流程

12.6.4.1　第一级笔段识别

在第一级笔段识别中，根据笔段开口方向把所有的笔段划分为四种类型：开口向右的笔段、开口向上的笔段、开口向左的笔段和开口向下的笔段。如图 12－12 所示，a 是开口向右的笔段，b 是开口向上的笔段，c 是开口向左的笔段，d 是开口向下的笔段。

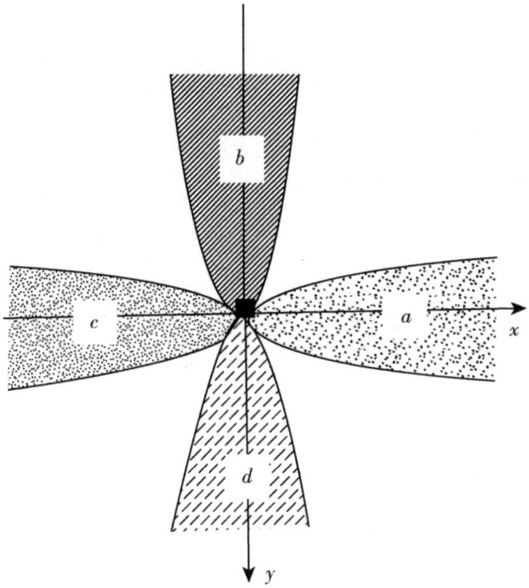

图 12－12　开口方向不同的四种笔段

实际上，每一个笔段闭合的一端都有一个尖点，笔段轮廓也被尖点分为两条曲线，笔段开口方向可以根据这两条曲线的位置来判断。如图 12－13 所示，整个平面被划分为四个区域，这些曲线的位置也就存在四种可能，位于这四个位置的曲线尖点 p_i 的 K_- 或者 K_+ 方向的 X 偏移的值不同。因此可以通过判断这个条件得到曲线所在位置的信息，从而得出笔段的开口方向。

根据以上的分析，可以总结出如下判定规则。

规则 1　对于一个独立笔段，设它的尖点为 p_i，如果它能满足式（12－4）的条件，那么这个笔段就是开口向右的笔段。

规则 2　对于一个独立笔段，设它的尖点为 p_i，如果它能满足式（12－5）的条件，那么这个笔段就是开口向上的笔段。

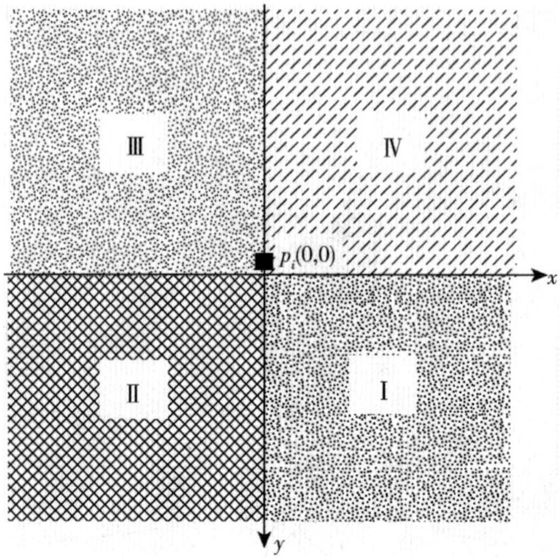

图 12－13　平面的四个区域

规则 3　对于一个独立笔段，设它的尖点为 p_i，如果它能满足式（12－6）的条件，那么这个笔段就是开口向左的笔段。

规则 4　对于一个独立笔段，设它的尖点为 p_i，如果它能满足式（12－7）的条件，那么这个笔段就是开口向下的笔段。

$$\begin{cases} p_i.1\_\ .x<0; \\ p_i.2\_\ .x<0; \\ p_i.1\_\ .x<0; \\ p_i.2\_\ .x<0; \end{cases} \tag{12-4}$$

$$\begin{cases} p_i.1\_\ .x>0; \\ p_i.2\_\ .x>0; \\ p_i.1\_\ .x<0; \\ p_i.2\_\ .x<0; \end{cases} \tag{12-5}$$

$$\begin{cases} p_i.\ 1\_\ .x > 0; \\ p_i.\ 2\_\ .x > 0; \\ p_i.\ 1\_\ .x > 0; \\ p_i.\ 2\_\ .x > 0; \end{cases} \tag{12-6}$$

$$\begin{cases} p_i.\ 1\_\ .x < 0; \\ p_i.\ 2\_\ .x < 0; \\ p_i.\ 1\_\ .x > 0; \\ p_i.\ 2\_\ .x > 0; \end{cases} \tag{12-7}$$

实际上，通过画图就可以直观地看出上述规则所包含的事实。正如图 12－14 所示，从图中可以看出，只要能够满足式（12－4）的条件，则此笔段必然开口向右。其他情况相同。图中各种符号代表的意义如表 12－1 所示。

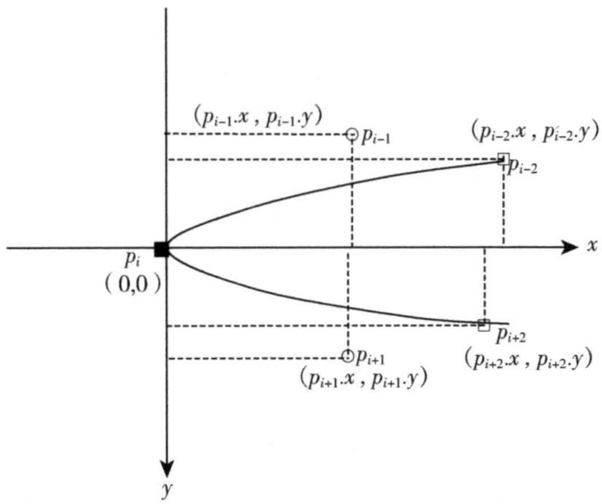

图 12－14　尖点 P_i 的 X 偏移

12. 6. 4. 2　第二级笔段识别

第一级笔段识别是第二级识别的准备阶段，更加细致的划分在第二级中进行。如图 12－15 所示，p_ip_{i-2} 和 p_ip_{i+2} 是笔段拟合曲线，p_{i-2}和 p_{i+2}均在轮廓线上。连接点 p_ip_m（p_m 是 $p_{i-2}p_{i+2}$的中点）作笔段轴线。由图可以看出，笔段轴线的走向可以反映出整个笔段的方向。实际上在甲骨文中，这种轴线走向可以代表笔段方向的情形非常普遍。这主要是因为甲骨文是在硬质材质上雕刻而成，笔画粗细比较均匀，没有毛笔字那样丰满的笔锋，这样客观上使得拟合轮廓曲线的控制点分布比较对称。这样，笔段轴线也就可以基本反映出整个笔段的走势，因此本书使用笔段轴线作为第二级笔段识别阶段方向判断的依据。通过预先划分出各个类型笔段的方向阈值，然后将笔段轴线方向和这些阈值相比较，就可以完成识别笔段类型的工作。

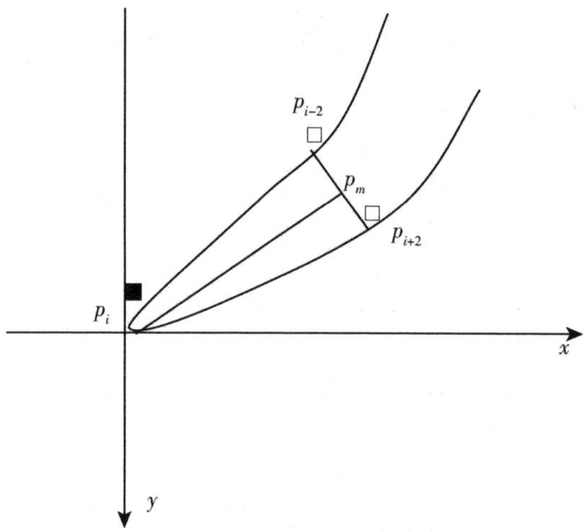

图 12－15　笔段的轴线

如图 12－16 所示，四条虚线将整个圆周划分为 8 个方向区间。虚线和它相邻的坐标轴之间的夹角是 20°，而两条直接相邻的虚线之间的夹角是 50°。因此，图中各个区间分别表示的角度域是：区间Ⅰ∈［0，20］∪［340，360］，Ⅲ∈［70，110］，Ⅴ∈［160，200］，Ⅶ∈［250，290］；而区间Ⅱ∈（20，70），Ⅳ∈

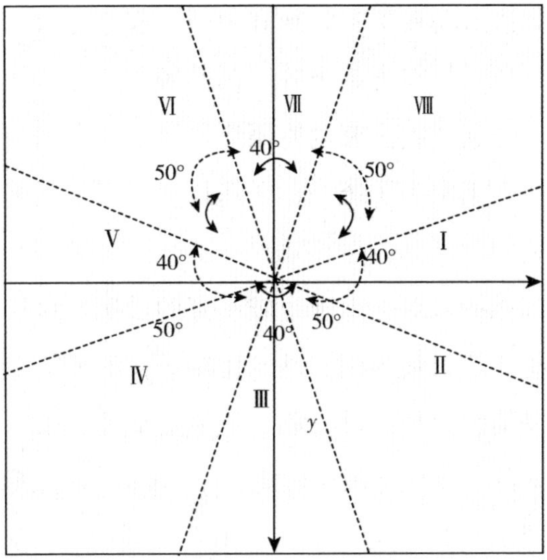

图 12－16　笔段方向划分的阈值

(110，160)，Ⅵ ∈ (200，250)，Ⅷ ∈ (290，340)。这些角度区间都是预设的各种类型笔段方向对应的区间。图中从区间Ⅰ开始按顺时针方向分别对应这些笔段类型：横的起笔、捺的起笔或者竖钩、竖的起笔、撇的起笔或者竖提、横的末笔、捺的末笔、竖的末笔、撇的末笔。由此，第二级笔段识别算法可以描述如下。

(1) 计算轴线角度 ø

如图 12－15 所示，取 $p_{i-2}p_{i+2}$ 的中点 p_m，设直线 $p_{i-2}p_{i+2}$ 的斜率为 k，则 ø ＝ arctan$k$。所以 ø $\in \left(-\frac{\pi}{2}, \frac{\pi}{2}\right)$，这样并不能表示 [0，360] 的角度域。但是因为在第一级笔段识别中已经将笔段划分为四种，因此，可以用这样的 ø 表示。

(2) 对于在第一级笔段识别中分类为开口向右的笔段的划分

由图 12－16 可以看出，开口向右的笔段有可能在区间Ⅰ、Ⅱ、Ⅷ中。如果 ø ∈ Ⅰ，则可以判断此笔段为横的起笔。在楷书笔法中，横大致分为两类：长横和短横。起笔也有两种类型：方笔和圆笔。一般长横有方起方收、圆起圆收、方起圆收等，短横有方起方收、方起圆收。究竟使用哪种组合却是因为书写者的审美而不同。在本书中为了统一，采用长横以方笔起笔，短横以圆笔起笔。

有的撇或捺的末端会出现比较平直的情况，仅仅通过笔段轴线判断容易将它们误判为横。笔画比较平直的撇或者捺有两种情况：第一种是笔画较长，没有和其他笔画交叉；第二种是和其他的笔画有交叉的，因此笔段比较短，p_{i-2}和p_{i+2}两点形成凹点。对于前者，如图 12－17 所示，因为没有和其他的笔画交叉，笔画的轴线 p_ip_n可以大致反映出笔画的走向。笔段的类型可以根据 p_ip_n的倾斜角度判断。对于第二种情况，因为存在和别的笔画的交叉，所以点 p_{i-2}和 p_{i+2}均为凹点。因为有末笔就一定有起笔，且起笔的笔段必然也和其他笔画有交叉。所以，搜索本轮廓线上所有带有两个凹点的撇或者捺的起笔。将找到笔段的两个凹点相连，并找到它们中点 p_s。同样，将待识别的笔段的两凹点相连，并找到它们的中点 p_e，计算线段 $p_s p_e$的倾斜角度，如果和起笔、末笔的轴线倾斜角度相差不大，可以认为这两个起笔笔段、末笔笔段属于同一笔画，并可以根据起笔的类型判断出末笔的类型。如果没有找到合适的起笔，则可以认为是横笔段。

若 $\varnothing \in$ Ⅷ，则此笔段是撇的末笔。撇在楷书中根据它的倾斜角度的大小可以分为三种类型，即竖撇、斜撇和平撇。其中，斜撇、竖撇的末笔相差不是很大，平撇的末笔和前两者有一定差别。因此本书将撇的末笔分成两种类型：比较陡的撇的末笔和比较平的撇的末笔。这两种笔段可以从笔段轴线的 $\varnothing$ 角来区分。

若 $\varnothing \in$ Ⅱ，此笔段是捺的起笔或者是竖钩的末笔。首先判断

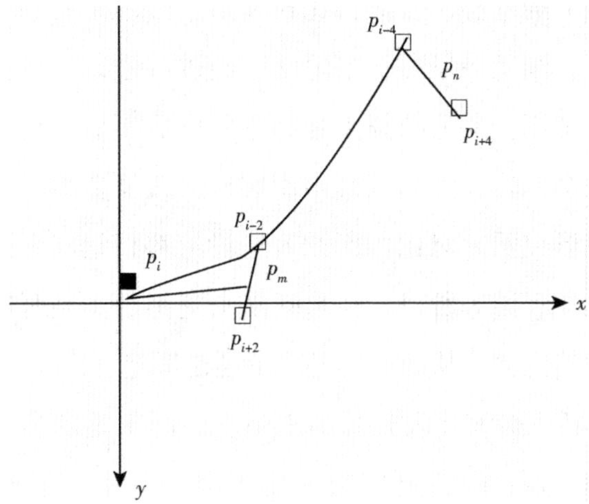

图 12－17　末笔平直的撇

是否为竖钩。如果 p_{i-2} 为凹点，而 p_{i+2} 为尖点则可以判定此笔段为竖钩。否则，此笔段为捺的起笔。

（3）对于在第一级方向判断中被分类为向左的笔段的划分

从图 12－16 可以看出，开口向左的笔段有可能在区间Ⅳ、Ⅴ、Ⅵ中。若 $ø \in$ Ⅳ，则此笔段是撇的起笔或者是竖提。首先判断是不是竖提。若为竖提，则会在 p_{i-2} 处形成尖点并在 p_{i+2} 处形成凹点，而撇的起笔则不然。撇的起笔分类和末笔相对应，划分为两种类型：较陡的撇的起笔和较平的撇的起笔。划分依然根据笔段轴线的倾斜角度 ø。

若 $ø \in$ Ⅴ，则此笔段是横的末笔。如前所述，横大致可分为长横和短横两种，它们的末笔也有方笔和圆笔之分。在楷书中，哪种横取哪种末笔并不固定，而是由书写者的审美决定的。但是，从笔段的倾斜方向和方圆笔的运笔方法上可以找到一些规律。所谓方笔是指在起笔时通过藏锋、转折、铺毫运笔，在笔画的起始处或收尾处出现见方的棱角。若笔段笔势稍稍向上翘，则正好符合方笔的笔势，会显得比较和谐。圆笔是楷书中使用较多的笔法之一，圆笔最早是篆书笔法，经过改进，到魏楷书时经常同方笔结合使用。圆笔的特点是起笔藏锋后不做下切，而是顺藏锋笔势做一个回转，使起笔处出现圆形。圆笔造型舒缓流畅，同方笔的峻峭形成明显对比。因此若笔段笔势稍稍向下倾斜，则使用圆笔会比较和谐。所以，在判断横末笔笔段类型时还需要进一步分析笔段的走势，从而确定是方笔还是圆笔。

若 $\emptyset \in$ Ⅵ，则该笔段是捺的末笔。捺的末笔和撇相似，有平捺和斜捺的区别，两者笔锋有一定差异。其中，平捺的倾斜角度较小，斜捺较大，它们可以通过笔段轴线倾斜角度 $\emptyset$ 的大小来区分。

若 $\emptyset \in$ Ⅲ，则该笔段是竖的起笔。楷书中，竖主要有垂露竖和悬针竖，它们的起笔一般以右侧圆头和圆头为多见，有些楷体如柳体中还有方头垂露竖、方头悬针竖、左侧平头竖等，但在其他楷书中并不多见。本书将竖的起笔按照其长短划分为右侧圆头竖和圆头竖两种。

若 $\emptyset \in$ Ⅶ，则该笔段是竖的末笔。竖的末笔有垂露和悬针之分。垂露竖形似露珠下垂，多用在字的左侧。当竖不位于字中央或是最后一笔时，因为笔画连带的关系多为垂露状。悬针竖形似钢针，一般位于字的中央或者最右侧。行笔果敢，绝不拖泥带水。根据这个规律，竖的末笔笔段类型有进一步的分类方法。

①找出一个字中所有的竖的末笔。

②按照从左到右、从上到下的顺序搜索出第一个竖末笔笔段并作标记，然后继续搜索其他的此类笔段。若除了被标记的笔段之外再也没有其他竖的末笔，则转③，否则转④。

③搜索标记的笔段右侧是否还有其他独立完整的部件轮廓。

若有则此笔段为垂露竖，否则这个竖应该是最后一笔，应为悬针竖。

④找出本轮廓中位于最右侧的竖的末笔，若此笔段和标记笔段不相邻，则标记笔段符合垂露竖的条件，所以应为垂露竖；若与之相邻，为了保持对称，标记笔段仍然为悬针竖。

⑤笔段识别结束。

12.7 实验结果

笔者将上述的笔段识别算法，在 Windows 2000 平台下，采用 Visual C++6.0 编程实现，并进行了验证。图 12－18 至图 12－27 是系统自动识别的甲骨文笔段的结果。它们分别对应的现代汉字是：才、大、上、下、敬、见、高、内、外、服。图中各种符号所代表的意义如表 12－3 所示。

表 12－3　　系统符号意义对照表

笔段名称	代表符号	笔段名称	代表符号
横的起笔（方笔）	□	平捺的起笔	○
横的起笔（圆笔）	○	斜捺的末笔	□
横的末笔（方笔）	□	平捺的末笔	○
横的末笔（圆笔）	○	竖钩	■
竖的起笔（右侧圆头）	□	竖提	●
竖的起笔（圆头）	○	独立点	○
竖的末笔（垂露）	□	圆角折	●
竖的末笔（悬针）	○	方角折	■

续表

笔段名称	代表符号	笔段名称	代表符号
比较陡的撇的起笔	□	尖角折	■
比较平的撇的起笔	○	向下的折	○
比较陡的撇的末笔	□	向上的折	●
比较平的撇的末笔	○	默认笔段	○
斜捺的起笔	□		

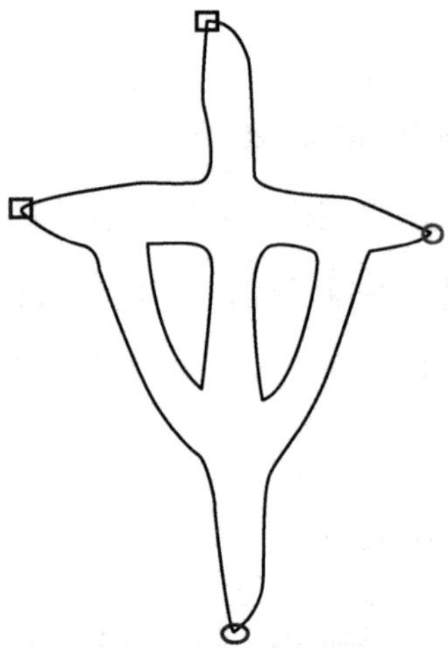

图 12－18　甲骨文“才”字提取效果

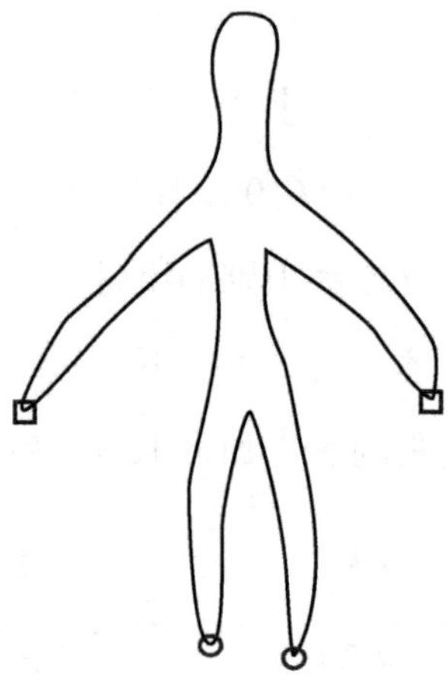

图 12－19　甲骨文“大”字提取效果

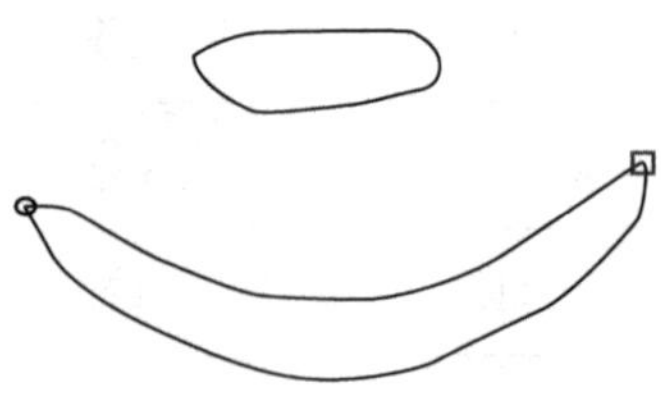

图 12－20　甲骨文“上”字提取效果

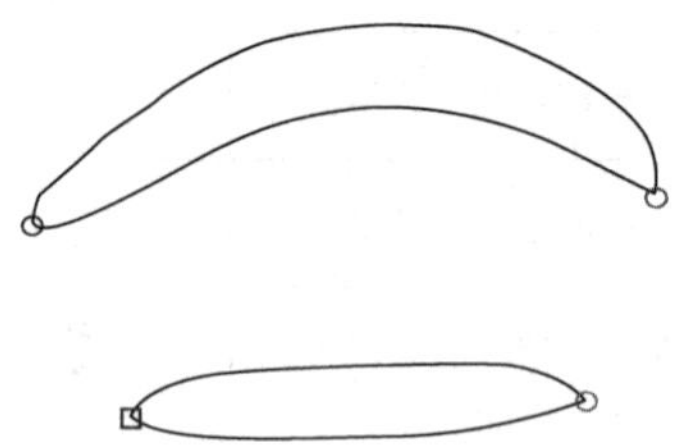

图 12－21　甲骨文“下”字提取效果

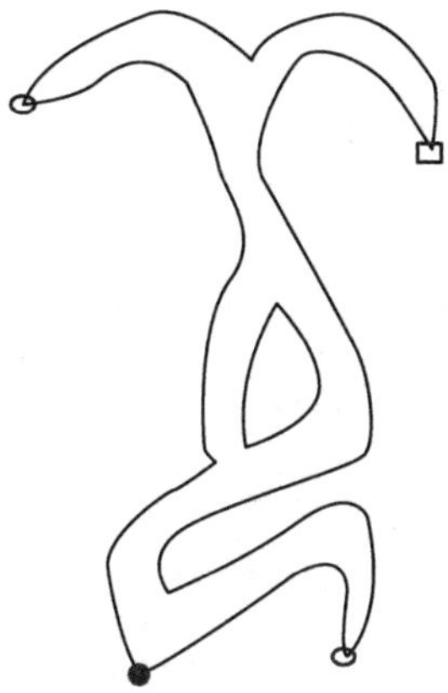
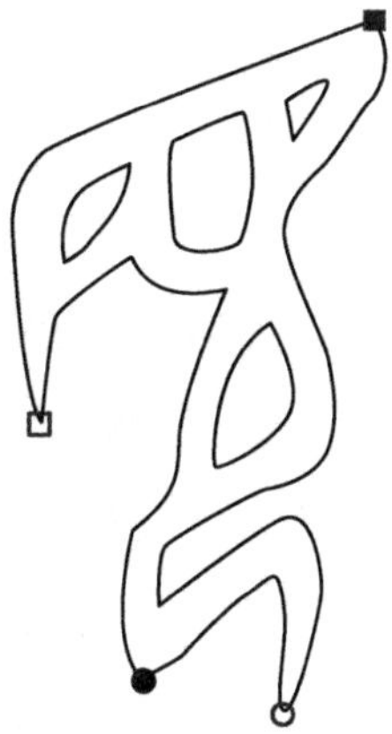

图 12－22　甲骨文“敬”字提取效果　图 12－23　甲骨文“见”字提取效果

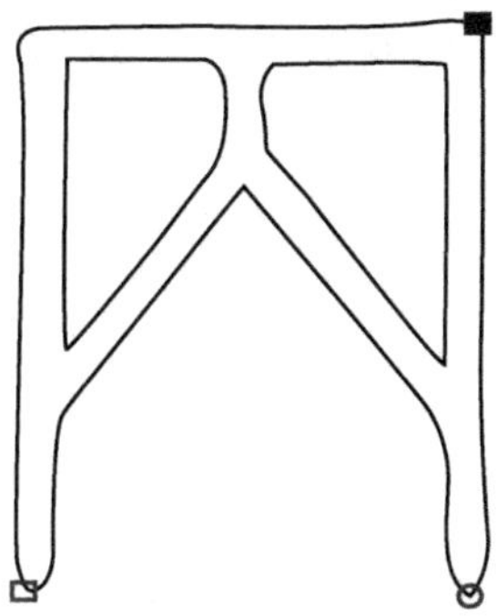

图 12－24　甲骨文“高”字提取效果　　图 12－25　甲骨文“内”字提取效果

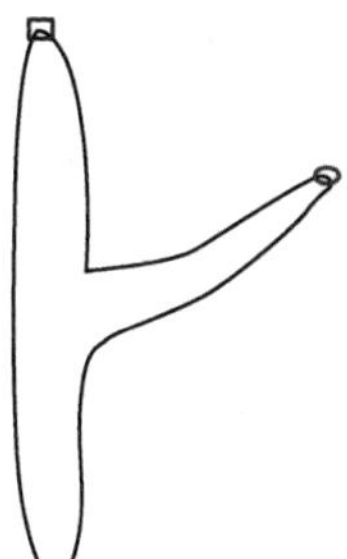
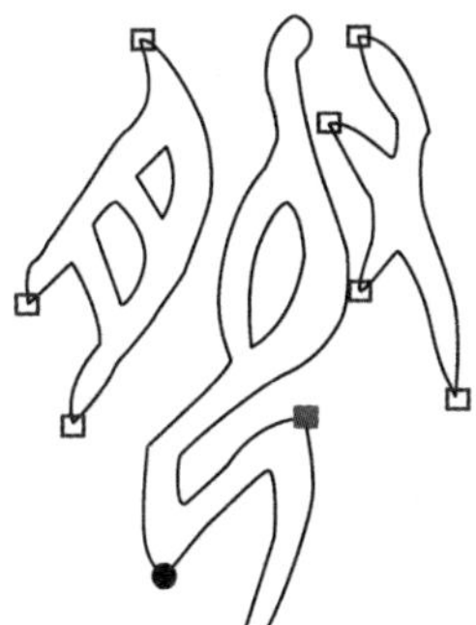

图 12－26　甲骨文“ 外”字提取效果　图 12－27　甲骨文“服”字提取效果

12.8 本章小结

本章首先对汉字笔画提取的研究现状进行了总结，得到的结论是：使用基于轮廓的笔画提取方法不仅时间复杂度低而且不容易产生畸变。针对甲骨文字形结构复杂、笔画难以区分的特点，笔者选取了基于轮廓的笔段提取方法，并针对笔段轮廓的特点，提出了先提取特征点，再对特征点所在笔段分类识别的方法。然后以楷书作为实例，按照楷书书法特征将甲骨文笔段划分为几种类型，提出了每种类型笔段的具体识别方法。实验结果表明，该方法算法简单，比较容易实现，可以有效地识别甲骨文笔段类型。

第十三章　笔段模板的提取和甲骨文字体变形

中国书法艺术源远流长，在几千年的岁月中，出现了很多杰出的书法家，创作出了大量极具艺术价值的优秀书法艺术作品。这些作品风格各异，用笔独到，是先人留下的宝贵的财富。后世的很多大书法家是从这些作品中汲取营养的。对甲骨文来说，如果能够将这些作品的风格融入其中，那么就能产生具有独特风格的甲骨文字形。但是，有很多书法作品是汉代以后产生的，而那时古文字的时代已经结束，隶书等现代汉字逐渐成为社会主要使用的文字。另外这些文字也已经完全摆脱了甲骨文的影响，字形和甲骨文相差很大，很难直接进行合成。其实对于现代汉字来说，笔画的风格能够在很大程度上影响字体风格，而笔画风格的点睛之处又常常在笔锋上，这也就是笔者所要提取的笔段。

具有新风格的甲骨文字体可以通过对它的笔段轮廓进行变形得到。笔段轮廓变形最精确的做法就是将组成笔段轮廓的每一个像素点按照某种规则移动到特定的位置上。但是，曲线上的像素数量众多，这样一来计算量就很大，时间复杂度会很高。实际上，经过拟合后的笔段轮廓形状是由一组二次 Bezier 曲线的控制点和端点的位置决定的。这些点数量不多，但是移动它们可以达到与依次移动轮廓上每一个像素点同样的效果。另外，因为轮廓是一组曲线组合而成的，所以一个点的移动不会干扰到轮廓其他部分的形状，不会出现像插值曲线那样一个点的变化会影响整条曲线形状的情况，这样就可以比较精确地拟合出笔段形状。

笔段轮廓模板就是一些具备了其他书法样式的笔段轮廓模型，是约束笔段变化的规则。甲骨文笔段曲线按照这些规则变形，就能够变成与模板相同的形状，从而生成具有某种风格的甲骨文新字体。其基本思想是：不管笔段呈现出怎样的形状，都是由数目有限的拟合曲线的控制点、端点的相对位置决定的，只要这些点保持彼此的相对位置不变，那么笔段的整体形状就不会改变。这样一来，笔段轮廓控制点和端点的相对位置就可以提取出来作为笔段的模板。当然，模板还要能够由计算机自动提取，并具有可逆性，即由二维图形生成模板后还要能够从模板还原成图形。

13.1 笔段轮廓模板的提取方法

13.1.1 笔段轮廓模板的特点

笔段轮廓模板的制作首先要选取某一种书法字体或者字形设计者自己的作品，然后从中选取最具代表性的笔画作为笔段模板的提取对象，并对选取出的笔段进行轮廓曲线拟合（采用和第十二章中相同的拟合算法），最后提取模板并生成相应的模板文件。本章中仍然以楷体为例说明模板的提取过程。图 13 – 1 和图 13 – 3 是从楷书作品中截取出来的横的笔段图，图 13 – 2 和图13 – 4 是它们经过拟合后的图形。从图中可以看出，笔段经轮廓拟合之后是一个闭合的完整轮廓，但实际上，在字形中笔段和同一笔画的其他部件相连的一端不是闭合的，反映在图中就是 ab 这一端。所以，在提取笔段模板的时候要将曲线 ab 删除，也就是删除 ab 中间的控制点。

图 13－1　楷体横的起笔笔段

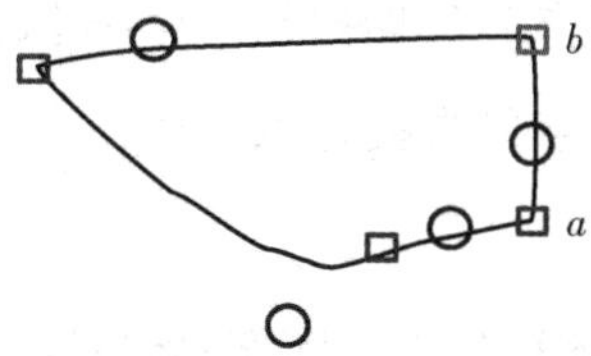

图 13－2　楷体横的起笔拟合效果

图 13－3　楷体横的末笔笔段

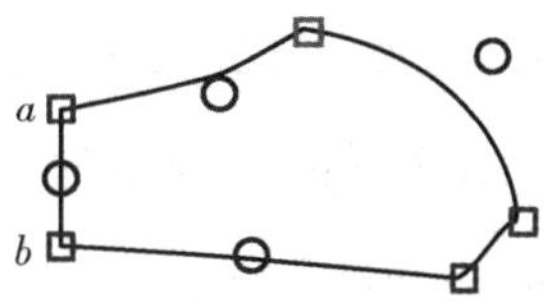

图 13－4　楷体横的末笔拟合效果

这样提取出来的笔段轮廓模板要应用到情况各不相同的实际字形中，应该具备以下条件。①笔段的形状要保持不变，必须有一个参照点。否则，笔段轮廓控制点的坐标都是绝对坐标，无法应用到实际的字形上去。②笔画变形部分和未变形部分应该保持平滑过渡，而不能出现不合理的突然的凸起或凹陷。③笔段模板是有固定方向、长度和宽度的。这就要求笔段模板具有一定的自适应性，在保持形状不变的前提下，能够根据字形的实际情况自动调整。

针对这些条件，本章提出了基本参照点和宽度参照线的调整方法。所谓基本参照点，就是将笔段轮廓上控制点和端点的绝对位置转化为相对于这个参照点的相对位置。这样，拟合曲线控制点和端点的相对位置保持不变，笔段就可以保持形状不变。所谓宽度参照线是指为了保持笔段在字中的长和宽的比例，用来使绝对坐标和相对坐标互相转化的参照长度。通过基本参照点和宽度参照线就可以将笔段模板从直观的二维图形量化为具有一定自适应能力的数据模板。笔者依据表 12－2 所示的笔段类型提出了相应的笔段模板提取方法。

13.1.2 横笔段的模板提取方法

①选取某种书体的代表作，利用图形图像处理软件（如 Photoshop）截取表 12－2 中的各种不同类型横的笔段图一套。为了方便，取截图的边缘垂线为宽度参照线，如图 13－2、图 13－4 中的 ab，并计算线段 ab 的长度 $\| ab \| = L$。

②选取基本参照点。如图 13－2、图 13－4 所示，直线 ab 是垂线，a、b 两点的 x 坐标相同。从这两点中选取一个作为基本参照点，然后将 a、b 两点间的控制点删除。为了方便，规定基本参照点为待删除的控制点之后的那个点。因为外轮廓的方向是逆时针为正的，所以基本参照点就是图 13－2 和图 13－4 中的 b 点。

③记录相对位置。记录组成模板的每一个控制点、端点和基本参照点之间的相对位置。计算方法为：控制点（端点）坐标－基本参照点坐标。这样得到的是绝对的坐标差值，差值有正有负。为了转化为相对的值，要将这些值除以笔段宽度参照线 ab 的长度 L，公式为：（控制点（端点）坐标－基本参照点坐标）/L，并将结果按顺序记录下来。笔段上的点都是二维的，这样模板实际上就成了一个二维表。最后记录组成模板的点的个数 n。模板的数据结构如表 13－1 所示。

表 13－1　　笔段模板数据结构

模板类型	模板含点个数 n
点 1 相对 x 坐标值	点 1 相对 y 坐标值
……	……
点 n 相对 x 坐标值	点 n 相对 y 坐标值

13.1.3　竖、撇、捺笔段模板的提取方法

竖的笔段提取和横笔段的提取方法基本相同，区别是，横的笔段宽度参照线选取的是垂线，而竖的参照线则选取水平直线。

撇从倾斜的程度上可以分为两类：较陡的撇和较平的撇。其中，较平撇的倾斜角度较小，和横有一定的相似性，所以它的起笔和末笔笔段宽度参照线还是按照和横相同的做法取垂线。而较陡的撇的倾斜角度较大，和竖有一定的相似性，所以它的起笔和末笔的宽度参照线的选取采用和竖相同的做法，取水平线。捺笔段可以分为斜捺和平捺。和撇笔段相似，平捺采用垂直线作为宽度参照线，斜捺采用水平直线作为宽度参照线。

13.1.4　折笔段的模板提取方法

折是复合笔段，如图 13－5 所示，在实际字形中它有两个开口，并且是唯一同时具有两条不相连的轮廓线的笔段，因此折中没有能够直接作为宽度参照线的垂线或水平线。实际上，经观察可以发现，折的笔段形状的形成，外侧轮廓（即向外突出的那一侧）起主要作用，内侧轮廓只随折的角度大小而稍有变化，在各种字体中差异不大，如图 13－5、图 13－6、图 13－7 所示。根据

这一特点，笔者的模板就只提取外侧轮廓上的点，内侧轮廓根据其原字形折的角度大小保持不变。宽度参照线取外侧轮廓线两端点的连线，如图 13－8 中的 ab 所示，但这样会因为不存在待删除的点，无法和其他的笔段一样确定基本参照点的位置。为了保持统一，规定基本参照点选取 ab 两点中位于后面的一个，ab 是按曲线轮廓方向排序的，如图 13－8 所示，因此折的基本参照点还是 b 点。另外，因为折的宽度参照线不再是垂线和水平线，因此它的模板除了记录相对坐标之外，还要记录宽度参照线的斜率。

笔者将上述算法在 Windows 2000 平台下用 Visual C++6.0 编程实现，成为整个变形系统的模块之一。系统将笔段模板存储为后缀名为 MOD 的模板文件。图 13－9、图 13－10 所示的是由两种风格的字体提取出的笔段模板文件的一部分。

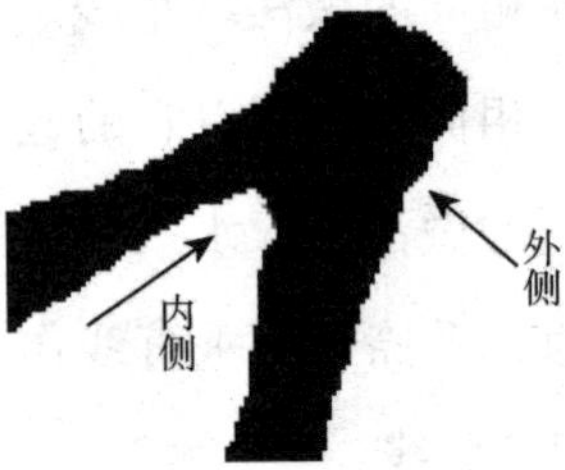

图 13－5　尖角折

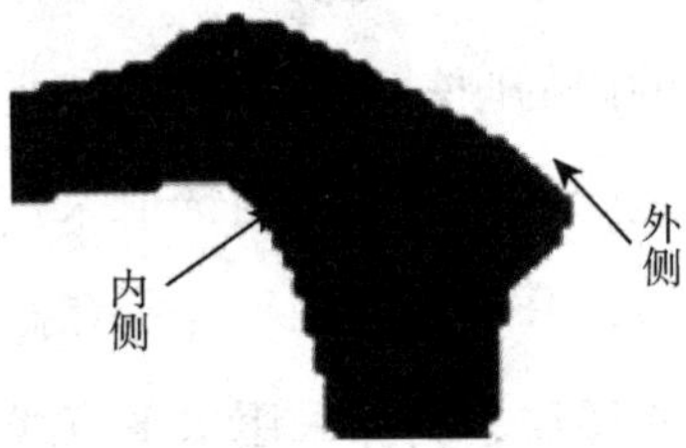

图 13－6　方角折

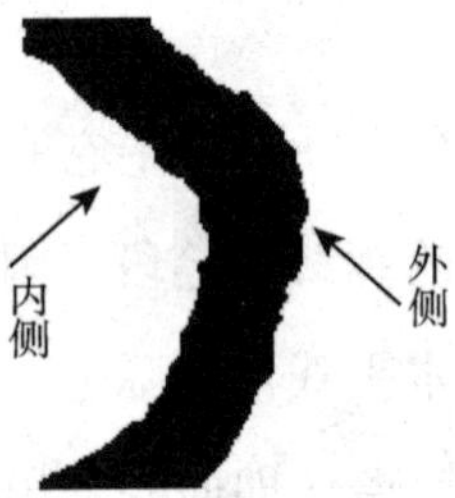

图 13－7　圆角折

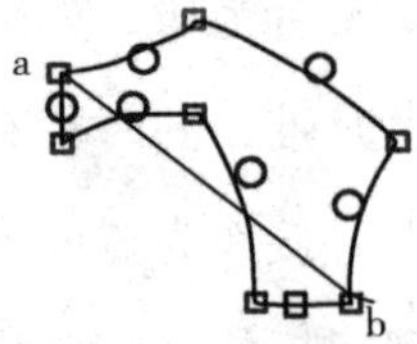

图 13－8　折的模板提取

```
7  15
1.000000    1.000000
0.269231    -0.076923
0.596154    0.000000
0.230769    0.365385
-0.326923   0.634615
0.557692    0.288462
1.750000    0.2884622
2.519231    0.384615
2.846154    -0.076923
2.846154    -1.115385
2.019231    -1.211538
1.884615    -1.211538
1.673077    -1.211538
0.865385    -1.076923
0.000000    -1.000000
```

图 13－9　模板文件示例 1

```
6  9
1.000000    1.000000
-0.534483   0.051724
-1.396552   0.034483
-1.896552   0.137931
-1.965517   0.568966
-2.051724   1.293103
-1.637931   1.155172
-0.551724   0.913793
0.000000    1.000000
0.000000    0.000000
7  6
1.000000    1.000000
0.280702    -0.017544
0.754386    0.157895
1.421053    0.842105
2.701754    -1.192982
1.964912    -0.807018
0.754386    -0.947368
0.298246    -0.964912
```

图 13－10　模板文件示例 2

13.2　甲骨文字体变形

甲骨文笔段风格的改变会影响整个字形的风格。因此，这里的变形工作主要围绕笔段的变形进行。笔者提出了一种笔段变形方法：先在笔段上找到和模板相对应的基本参照点和宽度参照线，然后再将模板中的数据根据这两个量还原为笔段轮廓，从而完成变形。各类笔段的变形算法分别叙述如下。

13.2.1　横和竖笔段的变形

第一，在待变形笔段中寻找基本参照点。字形中的笔段基本参照点和模板的基本参照点是相对应的概念。这个基本参照点的确定是笔段模板其他部分变形的前提，并对笔段和笔画其他部件的平滑连接具有重要的作用。它的确定方法如下。

若 p_{i-2}、p_{i+2} 均不是凹点，则选取这两点中含笔画信息较多的一点作为确定笔段宽度参照线和基本参照点的第一步。选取这样的点可以使变形后的笔画具有更好的连续性。如图 13－11 所示，拟合曲线 p_ip_{i-2} 和 p_ip_{i+2} 是组成笔段轮廓的主要曲线，距离尖点较远的点可以包含更多的原笔画信息。然后过该点向对边作垂线，交对边于一点，将另外一点（即 $p_{i-2}p_{i+2}$ 中离交点较近的一点）移动到此交点并删除移动过程中经过的点，这样 p_{i-2}、p_{i+2} 就具有相同的 x 坐标值。轮廓是逆时针方向为正，横的模板是将待删的控制点之后的点作为基本参照点，所以容易看出点 p_{i-2} 能够和模板中基本参照点对应，因此 p_{i-2} 就是笔段中的基本参照点，而垂线段 $p_{i-2}p_{i+2}$ 就是宽度参照线。对于竖笔段来说，包含笔画信息更多的点应该具有较小的 y 坐标值。过该点作水平直线，然后按照和上述方法相似的步骤可以确定竖笔段的宽度参照线和基本参照点。

若 p_{i-2}、p_{i+2} 均是凹点，则和上面的做法相反，选取两点中距离尖点较近的一点向对边作垂线，交对边于一点。将另一点移动到交点形成宽度参照线，再确定基本参照点。竖笔段的确定方法与此类似。

若 p_{i-2}、p_{i+2} 中有一个是凹点，则直接过凹点作水平线或垂线，确定宽度参照线和基本参照点。竖笔段的确定方法与此类似。

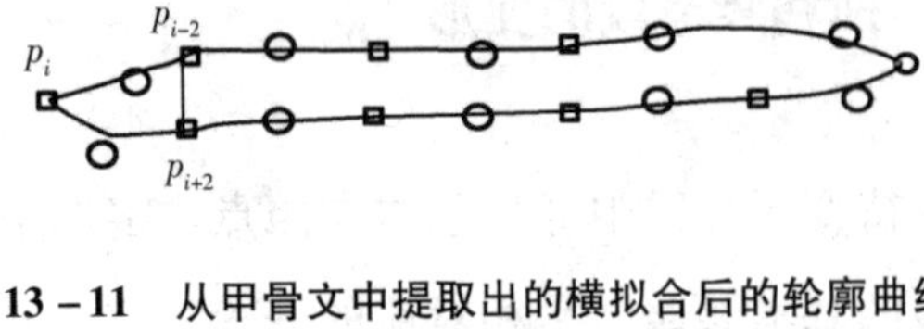

图 13－11　从甲骨文中提取出的横拟合后的轮廓曲线图

第二，计算待变形笔段轮廓上的控制点和端点的个数，并和模板中点的个数进行比较。如果少于模板，就在笔段变化之前插入足够的点，直至两者相等。如果多于模板则删除笔段上的点直至相同。一般来说，因为模板字体存在笔锋的缘故，笔段模板中点的个数一般要大于字形中笔段的控制点个数。

第三，计算宽度参照线 $p_{i-2}p_{i+2}$ 的长度 L。

第四，笔段中的控制点、端点按模板上对应的点移动。把模板中点的相对坐标值乘以 L 得到能够适应待变字形情况的相对坐标数据，依次移动笔段上对应的点到相对应位置上。至此，笔段轮廓模板由相对坐标数据又还原为能够适应实际字形情况的轮廓，从而使甲骨文笔段带有了模板的风格。

第五，甲骨文字形瘦长，而现代汉字中字形正方、扁而宽的字体比较多见，所以在完成模板变形后，可以改变字形轮廓的长宽比例从而从整体上改变字形形状。

第六，如果变形后在笔段轮廓和笔画连接处形成了突变尖点或凹点，则作平滑处理。

13.2.2　撇、捺笔段的变形

撇和捺笔段因为具有弧度，所以它们的点 p_{i-2} 和 p_{i+2} 很难处在同一条水平线或者是垂线上。如果还是按照原来的取宽度参照线的方法，容易造成畸变。因此，它们的基本参照点和宽度参照线的选取方法会有所不同。

根据撇或捺是否与其他的笔画有交叉，它们的轮廓一般会有三种情况：①p_{i-2}、p_{i+2} 都不是凹点；②p_{i-2}、p_{i+2} 中有一个凹点；③p_{i-2}、p_{i+2} 两个都是凹点。对于撇来说，若为情况①，则选取

p_{i-2}、p_{i+2}中包含笔画信息比较多的一点向对边作垂线，交于一点并标记。对于较平的撇，选取 x 坐标较大的一点。x 坐标较大的点在平撇中包含原笔画的信息较多，如图 13－12 撇中的 p_{i-2}。在上一节中提到，在提取平撇或者平捺的模板的时候，是按照与横笔段相同的方法，用一条垂线作为模板的宽度参照线。因此在这里，仍然希望能够找到这样一条垂线作为宽度参照线。为了保证宽度参照线反映的是笔段的实际宽度，找到标记的交点所在轮廓上与其最接近的端点，移动到交点处，并删除在移动过程中经过的点。连接该点和在此之前找到的包含信息比较多的点，则这条线就是平撇的宽度参照线了。最后可以按照和横相似的方法找到基本参照点。对于较陡的撇，包含信息较多的点应该是 y 坐标值比较小的点，从该点作水平线交对边于一点并做标记，其他的步骤类似。若为情况②则直接过凹点作垂线或水平线，其他步骤和情况①类似。若为情况③，对于比较平的撇，则选择两点中 x 坐标较小的一点，其他步骤和情况①相同。对于比较陡的撇，则选

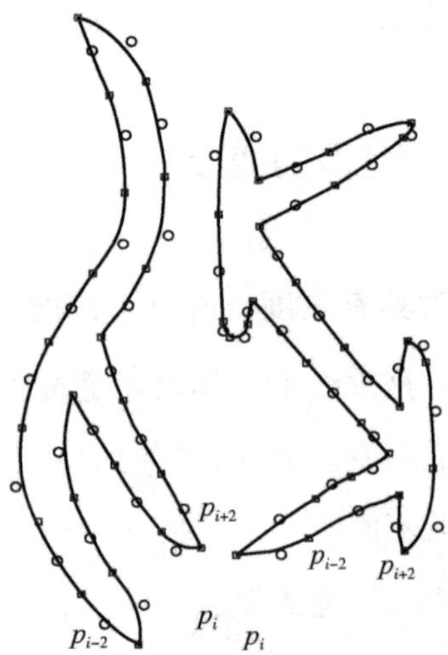

图 13－12　甲骨文“别”中的撇和捺

择两点中 y 坐标较大的一点，其他步骤和情况①相同。捺和撇的处理方法类似。只不过对于比较平的捺来说包含原笔画信息较多的点是 p_{i-2}、p_{i+2} 中 x 坐标比较小的点。对于比较陡的捺来说包含信息较多的点是两点中 y 坐标值比较小的点。

13.2.3　折笔段的变形

如图 13－13 所示，选取 p_{i-2} 和 p_{i+2} 中距离尖点较近的一点，从该点开始作一条和宽度参照线斜率相同的斜线，交对边于一点，将另外一个点移动到该交点，并删除移动过程中经过的点。然后再寻找和模板相对应的基本参照点。剩余的步骤和其他笔段相同。

13.3　实验结果

笔者在 Windows 2000 平台下，使用 Visual C++6.0 编程实现了上述算法。图 13－14 到图 13－24 分别给出了一些变形效果图。

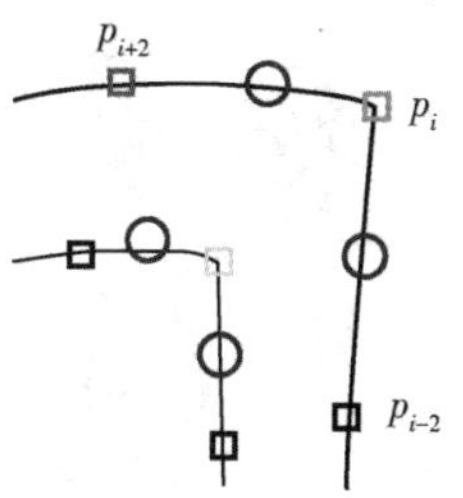

图 13－13　甲骨文中的折

图 13－14　甲骨文原字体 1

其中，图 13－14 所示的是甲骨文原字体。图中从上到下从左到右对应的现代汉字分别是：物、少、服、般、才、安、多、别。图 13－15 至图 13－18 是采用了不同的笔段模板后变形的效果图。图 13－19 和图 13－22 是甲骨文原字体组成的两幅对联。对应的现代汉字分别是“才大上下敬，见高内外服”和“小艺朋友少，大师门生多”。图 13－20、图 13－21、图 13－23、图 13－24 分别是按照不同模板变形后的效果。

图 13－15　生成的新字体 1a

图 13－16　生成的新字体 1b

图 13－17　生成的新字体 1c

图 13－18　生成的新字体 1d

图 13－19 甲骨文原字体 2

图 13－20 生成的带有楷体风格的新字体 2a

图 13－21 生成的带有隶体风格的新字体 2b

图 13－22 甲骨文原字体 3

图 13－23　生成的带有楷体风格的新字体 3a

图 13－24　生成的带有隶体风格的新字体 3b

13.4　本章小结

本章提出了笔段轮廓模板的基本思想、模板的提取方法和字体变形方法。其中，笔段轮廓模板的提取算法可以让系统自动提取模板并生成相应的模板文件保存，数据量小，容易实现，具有一定的自适应性，可以根据字体的实际情况改变大小。字体变形方法主要围绕笔段轮廓变形展开。本章对不同的笔段分别提出了变形算法，并进行了实验验证。实验结果表明，本章提出的变形算法可以有效地改变甲骨文字体风格，生成多种带有不同风格的甲骨文字形。

汉字书法艺术源远流长，我国自古就有好书和学书的传统，甚至有“字如其人”的说法。汉字是传播信息的重要工具之一，因此人们对不同风格汉字的需求进一步增加，特别是出版印刷和广告设计产业的需求量更大。但是用传统的方法制作一套字库要花费大量的人力、物力，于是借助计算机辅助生成新字形的技术开始出现。经过几十年的发展，现代汉字字形生成技术已经取得了丰硕的成果，并且有很多字形产品已经进入市场并取得了成功。尽管如此，古文字的字形自动生成研究却很少有人涉及。这样的局面是和古文字自身的特点分不开的。古文字不像现代汉字那样使用普遍，同时它的结构也要比现代汉字复杂得多，除个别保持了原来的外观，绝大多数已经完全不同，这样给古文字字形生成造成了很大的困难。

甲骨文是我国最古老的文字，也是我国最早的书法艺术。它形态古朴拙稚，没有太多的装饰，但是处处可以反映出3000多年前我国古代先民朴素的审美观。由于时代和制作工具的原因，甲骨文的形体发展受到一定的限制，而作为一种艺术形式它应该具备更丰富的形态。对甲骨文进行曲线轮廓字体变形研究，不仅可以让它能够在计算机中方便地输入、输出，还可以起到丰富甲骨文艺术样式的作用。如果将生成的轮廓字形做成字库还可以让它像现代汉字一样在通用字处理软件中变换不同的字体，让普通人更多地接触甲骨文，促进甲骨文的保护和使用。

本章针对甲骨文的特点提出了一种字形生成方法。它是一种基于字形曲线轮廓的方法，虽然和现代汉字一样采用轮廓变形，但不同的是，该方法没有直接将现代汉字和甲骨文进行合成，而是将甲骨文笔画先分解为笔段，然后对笔段进行分类，最后使用笔段轮廓变形，从而达到生成新风格甲骨文字体的目的。该算法包括以下几个主要步骤。

第一，甲骨文字形轮廓拟合。在这方面，本章在采用了文献马小虎（2004a）、马小虎（2004b）提出的用二次 Bezier 曲线拟合字形轮廓算法的基础上进行了改进，即对原算法中弯曲较大的拟合曲线进行细分。实验结果表明，该方法得到的拟合曲线能够满足提取笔段信息的要求。

第二，甲骨文笔段特征点的提取。基于甲骨文字形笔画两头多尖的特点，本章利用甲骨文字形轮廓拟合曲线间的角度偏移来提取笔段特征尖点，并采用了判断凹多边形的算法提取出了笔段特征凹点。实验证明，该方法能够根据用户所设定的阈值自动提取出甲骨文字形轮廓中的特征尖点和凹点。

第三，笔段种类的识别。本章提出了一种基于轮廓特点的笔段识别分类方法。该方法按照笔段轮廓方向分两个步骤识别笔段。首先按照笔段拟合曲线所在位置将所有笔段粗略划分为四个种类，然后按照笔段轴线的方向和各种笔段的书法特征进行进一步识别，最终可以识别出表 12 – 2 所示的各种类型的笔段。

第四，甲骨文笔段模板提取和甲骨文字体变形。本章提出了将笔段拟合曲线控制点的相对坐标作为笔段模板，并提出基本参照点和宽度参照线的判定规则，使笔段模板具有一定的自适应性，能够根据字形的具体情况进行调整。笔段轮廓控制点按照模板进行移动，从而完成字体变形。实验结果证明，该算法容易实现，时间复杂度低，可以快速生成具有新风格的甲骨文字形。

参考文献

陈爱民：《甲骨的终结与甲骨文书法的艺术转换——论罗振玉〈集殷虚文字楹帖〉的书学意义和价值》，《艺术百家》2006年第5期。

陈爱民：《甲骨文书法的艺术转换研究》，硕士学位论文，西南师范大学，2005年。

陈炜湛：《近二十年来的甲骨文研究》，《汕头大学学报》2001年第1期。

陈燕新、戚飞虎：《一种新的提取轮廓特征点的方法》，《红外与毫米波学报》1998年第3期。

陈一凡、胡宣华：《汉字键盘输入技术与理论基础》，清华大学出版社、广西科技出版社1994年版。

陈原：《汉语语言文字信息处理》，上海教育出版社1997年版。

慈林林、陆国锋：《基于PostScript的汉字笔划分解和曲线拟合研究》，《小型微型计算机系统》1994年第3期。

[日]岛邦男：《殷墟卜辞综类》，日本汲古书院1971年版。

董韫美、陈海明：《一个高质量汉字笔画字形到轮廓字形的转换系统》，《软件学报》1997年第5期。

董作宾：《甲骨文断代研究例》，载《董作宾先生全集》，中研院历史语言研究所 1965 年版。

樊宏斌、耿国华等：《一种求曲线极小特征点集的算法》，《西北大学学报》（自然科学版）2002 年第 2 期。

樊建平：《智能汉字字形设计技术及一个试验性系统 ICCDS》，《中文信息学报》1990 年第 3 期。

范毓周：《甲骨文研究的历史、现状与未来展望》，《史学月刊》1999 年第 1 期。

方逵、吴涛：《书法艺术的计算机模拟及其实现》，《模糊系统与数学》1996 年第 1 期。

费锦昌：《现代汉字笔画规范刍议》，《世界汉语教学》1997 年第 2 期。

冯久超、杨丰：《用 B－样条小波变换生成新的汉字字形》，《西南师范大学学报》（自然科学版）1999 年第 1 期。

高晓、蔡士杰：《一种从黑体到隶书的汉字字体自动变体方法》，《软件学报》1995 年第 9 期。

弓超、杨再春：《魏碑楷书笔法与临写教程》，北京体育大学出版社 2003 年版。

龚兵、张凤凌：《TrueType 字体应用技术》，《五邑大学学报》（自然科学版）1998 年第 1 期。

巩绪发：《论数字化时代中国书法的生存与发展》，《山东理工大学学报》（社会科学版）2005 年第 4 期。

郭沫若：《殷契粹编》，科学出版社 1965 年版。

何斌、马天予、王运坚、朱红莲：《Visual C＋＋数字图像处理》，人民邮电出版社 2001 年版。

胡长原、张福炎：《页面描述语言 PostScript 字库机制的一个层次式实现模型》,《中文信息学报》1995 年第 1 期。

华绍和、蒋顺炳、陈一凡:《有关汉字键盘输入的国家标准与规范》,《中国中文信息学会汉字编码专业委员会第八届年会、中国计算机学会中文信息技术专业委员会第六届年会暨汉字输入技术与应用研讨会论文集》,2002 年 10 月。

黄舜生、侯陆勋:《书法艺术　数字化的发展空间》,《中国书法》2004 年第 4 期。

黄源、王瑜、张福炎:《TrueType 汉字字形编辑器的设计与实现》,《计算机研究与发展》1998 年第 5 期。

李继明:《计算机文字信息处理技术新探——甲骨文象形码设计方案》,《中文信息学报》1996 年第 3 期。

李兰友:《Visual C++. NET 图形图像编程》,电子工业出版社 2002 年版。

李圃:《甲骨文文字学》,学林出版社 1995 年版。

李胜明、谭支鹏:《建立甲骨文字库中的字处理技术》,《微机发展》2003 年第 6 期。

刘鹗:《铁云藏龟》,抱残守缺斋 1903 年石印版。

刘兴隆:《甲骨文集句简释》,中州古籍出版社 1986 年版。

刘兴隆:《甲骨文集联书法篆刻专集》,北京日报出版社 1989 年版。

刘勇奎:《计算机图形学基础算法》,科学出版社 2002 年版。

刘文予、朱光喜:《汉字字形的凸剖分变形及合成》,《计算机研究与发展》2000 年第 2 期。

柳学智:《甲骨文与甲骨文书法》,硕士学位论文,华中师范大学,2002 年。

陆波、蔡士杰、顾进:《一种琥珀体汉字字形的自动生成方法》,《软件学报》1995 年第 12 期。

吕凤军：《数字图像处理编程入门》，清华大学出版社 1999 年版。

吕强、史磊、杨季文：《TrueType 字体文件格式初探》，《计算机研究与发展》1995 年第 11 期。

吕肖庆、高子军、尹江红、付艳丽、张建国：《OpenType 字库技术的分析与实现》，《微型电脑应用》2000 年第 8 期。

马小虎、黄文帆、顾绍通、杨亦鸣：《甲骨文点阵字形转换为甲骨文轮廓字形的方法》，《语言科学》2004 年第 3 期。

马小虎、刘玉龙、潘志庚、石教英：《曲线轮廓汉字自动生成及其变形方法》，《中文信息学报》1999 年第 2 期。

马小虎、潘志庚：《高质量 Bezier 曲线描述轮廓字库自动生成算法》，《自动化学报》1994 年第 1 期。

马小虎、潘志庚、张福炎：《基于笔画描述的样条汉字库及其应用》，《计算机学报》1996 年第 2 期。

马小虎、杨亦鸣、黄文帆、鄢格斐：《甲骨文轮廓字形生成技术研究与通用甲骨文字库的建设》，《语言文字应用》2004 年第 3 期。

马章乘：《楷书向导》，河南美术出版社 2002 年版。

潘云鹤：《计算机图形学——原理、方法及应用》，高等教育出版社 2001 年版。

潘志庚、马小虎、张明敏、石教英：《基于 Fourier 级数描述器的多种汉字字形自动生成》，《软件学报》1996 年第 6 期。

彭邦炯、谢济、马季凡：《甲骨文合集补编》，语文出版社 1999 年版。

彭寿全、黄可：《汉字信息处理》，电子科技大学出版社 1994 年版。

濮茅左、徐谷甫：《商甲骨文选》，上海书店出版社 1990 年版。

祁毓麟、齐作声：《中国书法艺术》，辽宁美术出版社 2003 年版。

尚君：《甲骨文编码研究》，硕士学位论文，湖北大学，2002 年。

沈建华、曹锦炎：《新编甲骨文字形总表》，香港中文大学出版社 2001 年版。

沈庭芝、方子文：《数字图像处理及模式识别》，北京理工大学出版社 1998 年版。

史瑞芝、崔元日：《PostScript 技术概要》，《今日印刷》1997 年第 2 期。

史锡尧：《现代汉语》，北京师范大学出版社 1991 年版。

司惠国、王玉孝：《篆书章法精解》，北京体育大学出版社 2003 年版。

孙家广、胡事民：《计算机图形学基础教程》，清华大学出版社 2009 年版。

孙立镌：《计算机图形学》，哈尔滨工业大学出版社 2000 年版。

唐荣锡、汪嘉业、彭群生、汪国昭：《计算机图形学教程》，科学出版社 2000 年版。

同济大学数学教研室：《高等数学》（上册），高等教育出版社 1999 年版。

王浩军、赵南元、邓钢铁：《一种现代藏文笔段提取算法》，《中文信息学报》2001 年第 4 期。

王宁：《汉字研究与信息科学技术的结合》，《励耘学刊》（语言卷）2005 年第 1 期。

王瑜、黄源、张福炎：《Windows 中 TrueType 字形数据的存取技术》，《小型微型计算机系统》1997 年第 11 期。

王钲旋、庞云阶：《一个计算机书法系统 CCCS》，《计算机辅助设计与图形学学报》1991 年第 1 期。

卫平、董韫美：《一个将黑白图象数据由离散化为连续的方法》，

《计算机学报》1989 年第 8 期。

温立新、何尔恭、薛开平、温卫红：《基于汉字发生器的汉字字形 CAD 系统的设计》,《中文信息学报》1996 年第 1 期。

闻申生:《汉字的输出——汉字字形技术》，载陈原主编《汉语语言文字信息处理》，上海教育出版社 1997 年版。

闻申生:《字形技术的现状和趋势——兼谈 Windows 平台字型技术 TrueType》,《电子出版》1995 年第 2 期。

夏良正:《数字图像处理》，东南大学出版社 1999 年版。

向世明:《Visual C++数字图像与图形处理》，电子工业出版社 2002 年版。

肖明、胡金柱、赵慧：《面向对象的 Petri 网方法及其在甲骨文编码中的应用》,《华中师范大学学报》（自然科学版）1999 年第 4 期。

肖明、赵慧、甘仲惟:《甲骨文象形码编码的模糊数学模型研究》,《计算机工程与设计》2004 年第 3 期。

肖明、赵慧、甘仲惟：《甲骨文象形码编码方法研究》，《中文信息学报》2003 年第 5 期。

徐朝晖、蔡士杰、高晓、岳华：《一种基于笔划映射的曲线轮廓汉字字形设计方法》，《计算机辅助设计与图形学学报》1996 年第 1 期。

闫伟齐、丁玮、齐东旭：《字形设计中曲线特征点提取方法的研究》,《北方工业大学学报》1999 年第 3 期。

严伟荣、蔡士杰：《基于笔划特征的宋体字形衍生方法》，《计算机工程》1994 年第 S1 期。

严蔚敏、吴伟民:《数据结构》（C 语言版），清华大学出版社 1997 年版。

杨丰、王哲、余英林：《一种实用的汉字字形合成方法》，《中国图像图形学报》1998 年第 5 期。

杨建、张明敏：《基于 C-Bezier 曲线的汉字轮廓字库描述及生成》，《计算机辅助设计与图形学学报》2000 年第 9 期。

杨静宇、曹雨龙：《计算机图像处理及常用算法手册》，南京大学出版社 1997 年版。

杨宗兵、夏军：《甲骨文新鉴》，世界图书出版公司西安公司 2005 年版。

姚孝遂、肖丁：《殷墟甲骨刻辞类纂》，中华书局 1989 年版。

岳华、蔡士杰、顾进、武港山、严伟荣：《汉字黑体字形衍生系统的设计与实现》，《中文信息学报》1994 年第 3 期。

张再兴：《古文字信息化处理国际学术研讨会》，《中文信息学报》2002 年第 3 期。

赵诚：《甲骨文字学纲要》，商务印书馆 1993 年版。

赵启斌：《书法之祖　人文瑰宝——从南京博物院藏甲骨文略议甲骨文的书法艺术》，《东南文化》2005 年第 1 期。

郑芳林：《一种通用造字系统及在甲骨文中的应用》，硕士学位论文，西北大学，1993 年。

郑邑、杪桎：《汉字信息处理》，同济大学出版社 1991 年版。

周晓文：《古文字字库的设计与实现》，《第二届汉文化资料库国际学术研讨会论文集》，2002 年 9 月。

朱凤翰：《近百年来的殷墟甲骨文研究》，《历史研究》1997 年第 1 期。

朱心雄：《自由曲线曲面造型技术》，科学出版社 2000 年版。

邹晓丽等：《甲骨文字学述要》，岳麓书社 1999 年版。

Ariel Shamir and Ari Rappoport, “Quality Enhancements of Digital

Outline Fonts", *Computer & Graphics*, Vol. 21, No. 6, 1997.

Azriel Rosenfeld and Emily Johnston, "Angle Detection on Digital Curves", *IEEE Transactions on Computers*, Vol. 22, No. 9, 1973.

Azriel Rosenfeld and Weszka, Joan S., "An Improved Method of Angle Detection on Digital Curves", *IEEE Transactions on Computers*, Vol. 24, No. 9, 1975.

Barbara Zitova and Jaroslav Kautsky, "Roust Detection of Significant Points in Multiframe Image", *Pattern Recognition Letters*, Vol. 20, No. 2, 1999.

Beus H. Lynn and Tiu Steven, S. H., "An Improved Corner Detection Algorithm Based on Chain-coded Plane Curves", *Pattern Recognition*, Vol. 20, No. 3, 1987.

Bogusław Jackowski, Janusz, M., Piotr Strzelczyk and Antykwa Półtawskiego, "A Parameterized outline Font", http://www.ntg.nl/maps/pdf/25_13.pdf, 1999.

Carr, J. C., Beatson, R. K., Cherrie, J. B., Mitchell, T. J., Fright, W. R., McCallum, B. C. and Evans, T. R., "Reconstruction and Representation of 3D Objects with Radial Basis Functions", *Proceedings of the 28th Annual Conference on Computer graphics and Interactive Techniques*, 2001.

Chan Tianfu and Shen Jie, "Mathematical Models for Local Deterministic Inpaintings", *Los Angeles: Department of Mathematics*, California-Los Angeles University, 2000.

Chan Tianfu and Shen Jie, "Non-Texture Inpainting by Curvature-Driven Diffusions", *Los Angeles: Department of Mathematics*, California-Los Angeles University, 2000.

Chang Hung-Hsin and Yan Hong, "Analysis of Stroke Structures of Handwritten Chinese Characters", *IEEE Transactions on Systems, Man and Cybernetics*, Vol. 29, No. 1, 1999.

Chang Hung-Hsin and Yan Hong, "Vectorization of Hand-drawn Image Using Piecewise Cubic Bezier Curves Fitting", *Pattern Rocognition*, Vol. 31, No. 11, 1998.

Charles Bigelow and Kris Holmes, "The Design of A Unicode Font", *Electronic Publishing*, Vol. 6, No. 3, 1993.

Chaudhuri, B. B. and Sarkar, N., "Texture Segm Entation Using Fractal Dimension", *IEEE Transactions on Pattern Analysis and Machine Intelligence*, Vol. 17, No. 1, 1995.

Chen Liang-Hua and Wang Jiing-Yuh, "A Robust Algorithm for Separation of Chinese Characters from Line Drawings", *Image and Vision Computing*, Vol. 14, No. 10, 1996.

Chetverkov, D., "A Simple and Efficient Algorithm forDetection of High Curvature Points in Planar Curves", *Lecture Notes in Computer Science*, Vol. 128, 2003.

Chiu Hung-Pin and Tseng Din-Chang, "A Novel Stroke-based Feature Extraction for Handwritten ChineseCharacter Recognition", *Pattern Recognition*, Vol. 32, No. 12, 1999.

Criminisi P. Perez and Toyama, K., "Object Removal by Exemplar-based Inpainting", *Proceedings of IEEE CS Conference Computer Vision Pattern Recognition*, 2003.

Debra Adams, "Abcdefg: A Better Constraint Driven Environment for Font Generation, Raster Imaging and Digital Typography", eds. by Andréa, J. and Hersch, R. D., Cambridge: Cambridge University Press, 1989.

Dobrosotskaya Julia and Andrea Bertozzi, "A Wavelet-laplace Variational Technique for Image Deconvolution and Inpainting", *IEEE Transactions on Image Processing*, Vol. 17, No. 5, 2008.

Donald Knuth, *The METAFONT Book*, Boston: Addison-Welsey, 1986.

Dreschler, L. and Nagel, H. , "Volumetric Model and 3D Trajectory of A Moving Car Derived from Monocular TV-frame Sequence of A Street Scene", *Computer Graphics and Image Processing*, Vol. 20, No. 3, 1982.

Elad, M. , Starck, J. L. , Querre, P. and Donoho, D. L. , "Simultaneous Cartoon and Texture Image Inpainting Using Morphological Component Analysis", *Applied and Computational Harmonic Analysis*, Vol. 19, No. 3, 2005.

Esedoglu, S. and Gillette, A. , "Inpainting of Binary Images Using the Cahn-Hilliard Equation", *IEEE Transactions on Image Processing*, Vol. 16, No. 1, 2007.

Esedoglu, S. and Shen, J. , "Digital Inpainting Based on the Mumford-Shah-Euler Image Model", *European Journal of Applied Mathematics*, Vol. 13, No. 4, 2002.

Freeman, H. and Davis, L. S. , "A corner finding algorithm for chain-coded curves", *IEEE Transactions on Computers*, Vol. 26, No. 3, 1977.

Gao Li, Tian Fei and Zhang Xiaodan, "Bayesian Network Model for Motor Fault Diagnosis", *Computer Measurement & Control*, Vol. 17, No. 5, 2009.

Gosselin Philippe Henri and Cord Matthieu, "Active Learning Methods for Interactive Image Retrieval", *IEEE Transaction on Image Processing*, Vol. 17, No. 7, 2008.

Guerrero-Colón, J. A., Mancera, L. and Portilla, J., "Image Restoration Using Space-variant Gaussian Scale Mixture in Overcomplete Pyramids", *IEEE Transactions on Image Processing*, Vol. 17, No. 1, 2008.

Helena, T. F. Wong and Horace, H. S., "Virtual Brush: A Model-Based Synthesis of Chinese Calligraphy", *Computers & Graphics*, Vol. 24, No. 1, 2000.

Herbert Freeman and Larry S. Davis, "A Corner Finding Algorithm for Chain-coded Curves", *IEEE Transactions on Computers*, Vol. 26, No. 3, 1977.

Hiroshi Abe, Yoshimichi Yamamoto and Yoshio Ohno, "High Quality Gray-Scale Kanji Font Generation Using Automatic Stroke Displacement", *Conference Proceedings on Raster Imaging and Digital Typography* Ⅱ, 1991.

Hu Changyuan and Roger D. Hersch, "Parameterizable Fonts Based on Shape Components", *Computer Graphics*, Vol. 21, No. 3, 2001.

Hyunil Choi, Sung-Jung Cho and Jin H Kim, "Generation of Handwritten Characters with Bayesian Network Based on-line Handwriting Recognizers", *Proceedings of the Seventh International Conference on Document Analysis and Recognition*, Vol. 2, 2003.

Jacky Herz and Roger D. Hersch, "Analyzing Character Shapes by String Matching Techniques", *Electronic Publishing*, Vol. 6, No. 3, 1993.

Jainn-Jyh Lu, Shape description of Chinese characters in calligraphy documents, Master Thesis, Department of Computer Science and Information Engineering, National Chiao Tung University, Taipei, 2000.

Jose A. Guerrero-Colon, Luis Mancera and Javier Portilla, "Image Restoration Using Space-variant Gaussian Scale Mixture in Overcomplete Pyramids", *IEEE Transactions on Image Processing*, Vol. 7, No. 1, 2008.

Kato, Y. and Yasuhara, M., "Recovery of Drawing Order from Scanned Images of Multi-stroke Handwriting", *Proceedings of the 5th International Conference on Document Analysis and Recognition*, 1999.

Knuth, D. E., "The METAFONT book", *Reading*, MA: Addison-Wesley, 1986.

Li Wei, Hagiwara Ichiro, Yasui Takao and Chen Hu-awei, "A Method of Generating Scratched Look Calligraphy Characters Using Mathematical Morphology", *Proceedings of the 6th Japan-China Joint Seminar on Numerical Mathematics*, 2002.

Liao Chia-Wei and Huang, Jun S., "Font Generation by Beta-spline Curve", *Computers & Graphics*, Vol. 15, No. 4, 1991.

Lim, S. and Kim, M., "Oriental Character Font Design by A Structured Composition of Stroke Elements", *Computer Aided Design*, Vol. 27, No. 3, 1995.

Liu Hong-Chih and Srinath, M. D., "Corner Detection from Chain-code", *Pattern Recognition*, Vol. 23, No. 1-2, 1990.

Luigi Cinque, Stefano Levialdi and Alessio Malizia, "Shape Description Using Cubic Polynomial Bezier Curves", *Pattern Recognition*

Letters, Vol. 19, No. 9, 1998.

Ma Xiaohu, Fan Xuexue and Yang Yiming, "An Outline Description Based Transform Strategy for Generating New Style Jiaguwen", *Journal of Computational Information Systems*, Vol. 3, No. 2, 2007.

Ma Xiaohu, Pan Zhigeng and Zhang Fuyan, "The Automatic Generation of Chinese Outline Font Based on Stroke Extraction", *Journal of Computer Science and Technology*, Vol. 10, No. 1, 1995.

Mandelbrot Benoit B., *Fractals: Form, Chance and Dimension*, New York: Freeman W. H., 1977.

Manuel Oliveira, Bowen Brian, McKenna Richard and Chang Yu-Sung, "Fast Digital Image Inpainting", *Proceedings of the International Conference on Visualization, Imaging and Image Processing*, 2001.

Marcelo Bertalmio, Sapiro Guillermo, Caselles Vincent and Ballester Coloma, "Image Inpainting", *Proceedings of the 27th Annual Conference on Computer Graphics and Interactive Techniques*, 2000.

Movravec, H., "Towards automatic visual obstacle avoidance", *Proceedings of International Joint Conference on Artificial Intelligence*, Cambridge, MA. USA, 1977.

Pan Zhigeng, Ma Xiaohu and Zhang Mingmin, "Chinese Font Composition Method Based on Algebraic System of Geometric Shapes", *Computer & Graphics*, Vol. 21, No. 3, 1997.

Paul Yiu Chung Wong and Siu Chi Hsu, "Designing Chinese Typeface Using Components", *Proceedings of the 19th Annual International Computer Software and Applications Conference*, Piscataway, N. J.,

USA: IEEE Computer Society, 1995.

Pentland, Alex P., "Fractal-based Description of Natural Scenes", *IEEE Transactions on Pattern Analysis and Machine Intelligence*, Vol. 6, No. 6, 1984.

Plamondon Réjean and Maarse, F. J., "An Evaluation of Motor Models of Handwriting", *IEEE Transactions on Systems, Man and Cybernetics*, Vol. 19, No. 5, 1989.

Plamondon Réjean and Guerfali Wacef, "The Generation of Handwriting with Delta-lognormal Synergies", *Bilogical Cybernetics*, Vol. 78, No. 2, 1998.

Rosenfeld, A. and Johnston, E., "Angle Detection on Digital Curves", *IEEE Transactions on Computers*, Vol. 22, No. 9, 1973.

Rosenfeld, A. and Weszka, J. S., "An Improved Method of Angle Detection on Digital Curves", *IEEE Transactions on Computers*, Vol. 24, No. 9, 1975.

Sarkar, N. and Chaudhuri, B. B., "An Efficient Differential Box-counting Approach to Compute Fractal Dimension of Image", *IEEE Transactions on Systems, Man, and Cybernetics*, Vol. 24, No. 1, 1994.

Shamir, A. and Rappoport, A., "LiveType: A Parametric Font Model Based on Features and Constraints", http://www.faculty.idc.ac.il/arik/LiveType/LiveType.html, 1997.

Shamir Ariel and Rappoport Ari, Shamir, A. Rappoport, "Feature-Based Design of Fonts Using Constraints", paper delivered to International Conference on Raster Imaging and Digital Typography, Malo France, March 30 – April 3, 1998.

Smith, S. and Brady, M., "SUSAN—A New Approach to Low Level Image Processing", *International Journal of Computer Vision*, Vol. 23, No. 1, 1997.

Songhua Xu, Francis C. M. Lau., "Automatic Artistic Calligraphy Generation", *IEEE Intelligent Systems*, Vol. 20, No. 3, 2005.

Soon-Bum Lim and Myung-Soo Kim, "Oriental Character Font Design by A Structured Composition of Stroke Elements", *Computer-Aided Design*, Vol. 27, No. 3, 1995.

Sun Cheol Bae, In SoKweon and Choong DonYoo, "COP: A New Corner Detector", *Pattern Recognition Letters*, Vol. 23, No. 1, 2002.

Wang Han and Brady Michael, "Real-time Corner Detection Algorithm for Motion Estimation", *Image and Vision Computing*, Vol. 13, No. 9, 1995.

Wang Mao-Jiun J., Wu Wen-Yen, Huang Liang-Kai and Wang Der-Meei, "Corner Detection Using Bending Value", *Pattern Recognition Letters*, Vol. 16, No. 6, 1995.

Xiaodan SONG, Yupin LUO, "Stroke Extraction as the Preprocessing Step for CJK Outline Font Compression", paper delivered to 8th International Conference on Neural Information Proceeding, Shanghai, China, November 14 - 18, 2001.

Xu Songhua, Francis C. M. Lau and Pan Yunhe, "Automatic Artistic Calligraphy Generation", *IEEE Intelligent Systems*, Vol. 20, No. 3, 2005.

Xu Songhua, Tang Min, Francis C. M. Lau and Pan Yunhe, "A Solid Model Based Virtual Hairy Brush", *Computer Graphics Forum*,

Vol. 21, No. 3, 2002.

Xu Songhua, Tang Min, Francis C. M. Lau and Pan Yunhe, "Virtual Hairy Brush for Painterly Rendering", *Graphical Models*, Vol. 66, No. 5, 2004.

Yang His-Ming and Lu Jainn-Jyh, "A Bezier Curve-based Approach to Shape Description for Chinese Calligraphy Characters", *Proceedings of the Sixth International Conference on Document Analysis and Recognition*, Piscataway, N. J., USA: IEEE Computer Society, 2001.

Yan TANG, Rui CHEN, Yu-Hui Qiu, "An effective stroke extraction model for Chinese Character", paper delivered to The Second International Conference on Machine Learning and Cybernetics, Xi'an, China, November 2–5, 2003.

Yao Fenghui, Shao Guifeng and Yi Jianqiang, "Extracting the Trajectory of Writing Brush in Chinese Character Calligraphy", *Engineering Applications of Artificial Intelligence*, Vol. 17, No. 6, 2004.

Zou Jujia and Yan Hong, "Extracting Strokes From Static Line Images Based on Selective Searching", *Pattern Recognition*, Vol. 32, No. 6, 1999.